VAMOS CONVERSAR

VAMOS CONVERSAR
ELISAMA SANTOS

UM PEQUENO
~~ANTI~~ MANUAL
DE COMUNICAÇÃO
NÃO VIOLENTA
PARA ~~O DIA A DIA~~
A VIDA REAL

1ª edição

Paz & Terra
Rio de Janeiro
2023

© Elisama Santos, 2023

Projeto gráfico de capa e miolo: Leonardo Iaccarino

Direitos de edição da obra em língua portuguesa no Brasil
adquiridos pela EDITORA PAZ & TERRA. Todos os direitos
reservados. Nenhuma parte desta obra pode ser apropriada e
estocada em sistema de bancos de dados ou processo similar, em
qualquer forma ou meio, seja eletrônico, de fotocópia, gravação
etc., sem permissão do detentor do copyright.

EDITORA PAZ & TERRA
Rua Argentina, 171 – São Cristóvão
20921-380 – Rio de Janeiro, RJ
Tel.: (21) 2585-2000.

Seja um leitor preferencial Record.
Cadastre-se no site www.record.com.br
e receba informações sobre nossos lançamentos e
nossas promoções.

Atendimento e venda direta ao leitor:
sac@record.com.br

Texto revisado segundo o Acordo Ortográfico da Língua
Portuguesa de 1990.

CIP-BRASIL. CATALOGAÇÃO NA PUBLICAÇÃO
SINDICATO NACIONAL DOS EDITORES DE LIVROS, RJ

S234v   Santos, Elisama
             Vamos conversar : um pequeno antimanual de
         comunicação não violenta para a vida real / Elisama
         Santos. - 1. ed. - Rio de Janeiro : Paz e Terra, 2023.

             ISBN 978-65-5548-082-5

             1. Comunicação - Aspectos psicológicos. 2. Relações
         humanas. I. Título.

23-84254   CDD: 153.6
                                  CDU: 316.772.4

Gabriela Faray Ferreira Lopes – Bibliotecária – CRB7-6643

Impresso no Brasil
2023

*A meus filhos, Miguel e Helena, sempre
eles, que me mostraram a importância da
conversa quando ainda não diziam
sequer uma palavra.*

"É essencial para nossa luta por autodeterminação falarmos de amor, porque o amor é a base necessária que nos possibilita sobreviver às guerras, às dificuldades, às doenças e às mortes com nosso espírito intacto. É o amor que nos permite sobreviver inteiros."

bell hooks, *Ensinando pensamento crítico: sabedoria prática*

SUMÁRIO

Introdução
Vamos ajustar as expectativas?...................11

Quem tem medo de conflito?
(Discordamos, e agora?!)............................19

O que está acontecendo?
(Realidade × As histórias que
contamos sobre ela)....................................59

O que estou sentindo?
("São tantas emoções...").............................79

O que é importante para mim?
(Onde estão os limites?)............................101

Como comunicar a minha necessidade?
(Qual o melhor jeito de pedir?).................123

Como praticar a escuta ativa
(O que ele ou ela quer me dizer?)............145

Dá para prever o final de uma conversa?
(E quando não dá certo?).............................163

Agradecimentos...189

introdução

VAMOS AJUSTAR ~ as ~ EXPECTATIVAS ?

CERTA VEZ UMA MOÇA ME PROCUROU PARA CONVERSAR SOBRE UM PROBLEMA.

Ela precisava pensar no jeito exato de falar para uma colega de trabalho que a maneira como a divisão de tarefas estava organizada entre elas a sobrecarregava. A decisão de conversar sobre o tema era, por si só, bastante frustrante. Como a colega não percebia a imensa disparidade de responsabilidades entre ambas? Como era capaz de manter uma dinâmica tão absurda e seguir sorrindo e agindo como se a vida estivesse em perfeito equilíbrio?

Ela teria de conversar sobre o óbvio, e isso não era certo nem justo. Frustrada com o peso de *ter de* conversar, ela precisava que a conversa fosse rápida e efetiva. Queria as palavras certas, que fizessem com que a outra compreendesse a gravidade de suas atitudes e mudasse. Uma única conversa, rápida e definitiva.

Confesso que, enquanto ela falava, eu pensava, com a voz de uma atendente de telemarketing: *Não vai estar sendo possível, senhora.*

Eu também queria que as conversas do dia a dia fossem mais fáceis. Na realidade, tinha vontade de que a maioria delas fosse completamente desnecessária. Que meus limites fossem nítidos a ponto de não precisarem ser comunicados, que os incômodos fossem percebidos e rapidamente resolvidos sem que eu precisasse dizer uma palavra sequer. Desejava não precisar organizar minha bagunça interna nem me entender. Muito menos compreender o que desejo e formular uma frase sobre isso que faça sentido, enquanto torço para que o outro a entenda. E também não sentir dor, tristeza, decepção, angústia. Queria o impossível, afinal.

E, exatamente por saber que é impossível, não dei a este livro o subtítulo de: *Um pequeno manual para convencer as pessoas a fazerem o que você quer.* Ou: *Um pequeno manual sobre como reprogramar a mente de todos que enchem seu saco diariamente.* Ou ainda: *Um pequeno manual para eliminar os incômodos da sua vida e fazer você viver só de amor.*

Não vai ser desta vez, sinto muito.

Este pequeno manual tem a intenção de te auxiliar na desafiadora missão de viver em sociedade, de conviver com pessoas que não leem a sua mente e não receberam um tutorial sobre você quando te conheceram. Tem também o compromisso de te acompanhar nos momentos em que o outro parece um enigma indecifrável e você deseja buscar um entendimento possível na relação.

Não falaremos sobre dicas mágicas ou conversas definitivas. Não vou dar o passo-a-passo-que-vai-salvar-a-sua-vida-para-sempre. E, com isso, não desejo te desanimar, mas sim ajustar nossas expectativas – algo muito importante para as relações e que abordaremos em breve.

Nos próximos capítulos, falaremos sobre a comunicação não violenta e as maneiras de vivê-la em seu cotidiano (perceba que não falei *utilizá-la*, mas *vivê-la*). A comunicação não violenta é escolha que a gente vive, com intencionalidade, entrega e curiosidade. Talvez *curiosidade* seja a palavra-chave de todo o livro, e está ali, abraçadinha com *conexão*.

Precisamos deixar ir embora as histórias que criamos em nossa mente, dando oportunidade para a realidade se mostrar para além de nossas certezas. E isso tem a ver com desenvolver curiosidade sobre nossos sentimentos, falas e gestos. Curiosidade sobre os sentimentos, falas e gestos de quem nos acompanha na dança das relações.

A curiosidade nos presenteia com perguntas. *Por quê? Para quê? Como? E se?* Ela é interessada, não aceita respostas rasas, não se cala fácil. É insistente, olha no olho, sabe que cada descoberta é preciosa, mesmo que não pareça.

Não me proponho aqui a trazer respostas, mas a transformar e a multiplicar as perguntas, porque são elas que transformam nossa caminhada.

A conversa mais difícil que você terá é com você. Não é com sua sogra, ou com sua chefe, ou com seu pai, ou com sua companheira. Entender o que desejamos, o que sentimos, e nos darmos conta da distância entre a realidade e o ideal é, por vezes, um choque. É mais fácil rotular o comportamento alheio do que dar nome ao que vive em nós. É mais fácil culpar o outro do que assumir e defender nosso desejo.

Sim, investigar o que sentimos e precisamos é difícil. Escutar o que vive no outro também. Acontece que repetir inúmeras vezes a mesma coisa não é fácil; decepcionar-se porque o outro não entendeu o óbvio então...

Se não há opção fácil, nos resta escolher entre as difíceis. Que *difícil* cuida do que importa para nós? Que *difícil* torna a nossa vida mais maravilhosa?

Mais do que um método, proponho a você uma nova postura diante das relações e do que te acontece.

Vamos construir uma vida melhor?

QUEM TEM MEDO

de

CONFLITO?

(discordamos, e agora?!)

PENSE EM SUA ÚLTIMA CONVERSA DIFÍCIL.

Aquela que fez seu coração acelerar e suas mãos suarem. Pensou? Consegue dizer quais elementos dela se diferem de suas trocas triviais? Você conseguiria listar tudo o que te incomodou, assustou e fez você repensar se deveria *realmente* falar sobre aquilo? Em regra, pensamos em uma conversa difícil como um desafio tortuoso que precisamos atravessar rápido. Não olhamos os detalhes, não pensamos muito, simplesmente seguimos rumo ao convencimento do outro, armados com tudo o que temos disponível: alguns bons argumentos para o começo e boas doses de chantagem emocional para quando a conversa sair dos trilhos. Não fomos educados e educadas para o diálogo. Não aprendemos que é possível encontrar soluções saudáveis por meio da conversa.

Antes de pensar em jeitos empáticos e respeitosos – conosco e com o outro – de solucionar nossos desencontros diários, precisamos entender o que constrói a dificuldade de uma conversa, observando nos conflitos oportunidades importantes de crescimento e evolução das relações. Tudo bem, parece falso demais falar assim, associar *conflito* com *oportunidade*, *crescimento* e um punhado de palavras bonitas. *Conflito* inicialmente parece ter mais a ver com *disputa*, *desencontro*; você querendo a praia, e ela, a montanha; ele querendo ampliar o portfólio, você querendo fazer o saldão e fechar as portas. Que oportunidade existe nisso? O desentendimento parece o solo perfeito para a proliferação das piores pragas: irritação, medo, ansiedade, constrangimento... Que piada acreditar que há um lado bom quando são esses os sentimentos que ocupam cada centímetro do nosso corpo!

Veja bem, no mundo ideal, as coisas seriam fáceis e tranquilas, e concordaríamos com tudo e com todos com quem convivemos. A vida seria um campo florido e ensolarado, repleta dessas coisas fofas e maravilhosas que compõem os cenários bucólicos dos filmes. Mas já sabemos que: *Não vai estar sendo possível, senhora*.

Na vida real, nosso campo florido recebe a visita de diversos insetos e bichos que não embelezam nem um pouco a paisagem. Mas alguns, mesmo não tão bonitos, são essenciais para a manutenção da vida. Outros precisam ser retirados rapidamente, com atenção, ou podem causar danos irreparáveis.

Os conflitos não combinam com a imagem que idealizamos para as nossas relações, mas são importantes para o nosso crescimento, para a manutenção da vida. Eles vão surgir mesmo que a gente não queira. Não dá para afastá-los, nós não podemos focar as nossas energias em fugir deles.

Uma conversa difícil é como uma reforma. A sala dessa relação está apertada, não cabe o sofá novo de autoestima que você demorou tanto para adquirir. A janela está pequena e, caramba!, você precisa de mais ar circulando livremente por ali. Pode ser que você resolva que essa casa não te cabe mais e não há reforma possível. Ou talvez você acredite que, com algum tempo, dedicação e esforço de todos os moradores, ela se torne confortável e aconchegante para estar.

Seja qual for sua decisão, haverá barulho, móveis arrastados e sujeira escondida sendo revelada. Se você preferir partir, as ações de encaixotar, organizar, decidir o que fica e o que vai com você demandarão tempo e energia. Se a opção for reformar, não há como fugir do barulho, da poeira e do caos.

Não há decisão sem incômodos. Não há possibilidade de mudança sem sentir os efeitos colaterais dessa construção. As alternativas são: assumir os incômodos como parte da construção de uma relação melhor ou deixar que tudo permaneça como está. A última opção também apresenta desconfortos, não esqueça. Deixar que as coisas permaneçam como estão por medo de enfrentar incômodos é uma ilusão. A sala está apertada, lembra? O ar não está circulando. Você já está com dor. Vai permanecer com a dor conhecida ou prefere se aventurar naquela relacionada ao crescimento e à criação de relações melhores?

NÃO HÁ DECISÃO SEM INCÔMODOS.

CONFLITO É CONFLITO.
CONFRONTO É CONFRONTO.

Em nossa sociedade, *conflito* e *confronto* andam tão próximos que acreditamos serem amigos inseparáveis. Não são. *Conflitos* são divergências de ideias que nos geram incômodo. São comuns na convivência por um motivo muito simples: somos diferentes uns dos outros, e nossas diferenças gerarão desentendimentos em nossas relações. Mesmo que você decida viver longe de qualquer civilização, se isolando no pico de uma montanha inacessível, viverá conflitos entre seus valores e seus interesses, entre suas necessidades e seus desejos. A inexistência permanente de conflitos é impossível. O confronto é um dos destinos possíveis para o conflito. Um dos, mas não o único.

Fugimos dos conflitos porque acreditamos que, fatalmente, serão desgastantes e estressantes como os confrontos. Como confrontar a sua mãe, que você tanto ama e respeita? Como confrontar a sua chefe, que tem poder sobre algo tão importante para você como o seu sustento? Como confrontar o seu parceiro ou parceira e ter de viver o terrível clima que certamente virá após a conversa/briga/troca de acusações infinitas?

A certeza de que haverá um vencedor e um derrotado de um encontro bélico faz com que, na maior parte das vezes, desistamos de pontuar o que importa para nós. Não queremos ser os derrotados, os que perderam a batalha. Não queremos sequer ser os que começaram a briga. Deixamos as conversas para a última opção, quando quase não acreditamos mais nelas. Insinuamos, fazemos cara feia, nos irritamos, nos convencemos de que *não vale o desgaste*, diminuímos a importância das coisas, sorrimos contendo gritos, até que o incômodo fique insuportável e a dor esteja tão grande que já não possamos escondê-la. Nesse estágio de mágoa e raiva, nos armamos das nossas piores ferramentas e vamos para o tudo ou nada.

Antes de pensarmos nas estratégias para iniciar uma conversa honesta, assertiva e empática, precisamos recuperar a nossa fé na conversa, observando de perto o que nos faz duvidar do nosso potencial de entendimento diante dos conflitos e discordâncias. Sem dúvida, há que se lembrar que os conflitos nos permitem chegar a muitos caminhos diferentes, e não apenas ao confronto.

A partir de agora, vamos refletir sobre o que nos ajuda a alcançar desfechos funcionais nos desencontros de ideias e valores que certamente acontecerão em nossas relações. Eu já disse que não será um caminho fácil, não é? E volta e meia vou repetir, porque tenho arrepios diante da possibilidade de fazer isso parecer algo simples. Não proponho aqui um passo a passo, mas um aprendizado longo, construído com inúmeros desacertos.

O OUTRO NÃO É UM PROBLEMA. VOCÊS, JUNTOS, TÊM UM PROBLEMA A RESOLVER.

Parece uma diferença simples, um mero detalhe na organização das palavras, mas, acredite, saber que o outro não é um problema e que vocês, juntos, têm um problema a resolver é uma perspectiva que interfere no modo como você vê, sente e age diante de um conflito. Vocês não estão em lados opostos de uma disputa: estão juntos, do mesmo lado, olhando para o problema e buscando maneiras saudáveis, para ambos, de solucioná-lo.

Tá, talvez ainda não estejam assim. Talvez você realmente acredite que o problema é o egoísmo do seu marido ou esposa, ou a exigência exacerbada da sua coordenadora de setor, ou o controle excessivo da sua mãe. Eles são os grandes causadores dos problemas, não você. Não dá para dissociar uma coisa da outra, eles precisam resolver as próprias questões pessoais e deixar você em paz.

Pare um instante e observe como esses pensamentos influenciam no seu batimento cardíaco, na sua vontade de estabelecer um diálogo ou não. Percebe como, nesse momento, confrontar a pessoa parece o único caminho possível? Consegue notar que as frases que surgem são acusatórias e pouco abertas à escuta?

Agora vamos tentar mudar a perspectiva.

Você e seu marido ou esposa estão com um problema de dificuldade de diálogo e suporte na relação. Você sente falta de apoio, compartilhamento e escuta, e essas são necessidades que não estão sendo atendidas. Como vocês podem, juntos, pensar em maneiras de ajustar o passo?

A coordenadora do seu setor tem feito cobranças excessivas e você precisa de respeito ao seu tempo, e talvez de maior suporte para dar conta das demandas e metas estabelecidas. O que você pode sugerir para que, juntos, ambos sejam respeitados ou respeitadas em suas necessidades?

A forma como sua mãe cuida de você te sufoca, e você tem necessidade de autonomia e confiança. Como as suas necessidades podem ser cuidadas nessa relação?

Percebe que o foco já não é transformar o outro, mas encontrar uma solução para um problema? Mesmo que a outra pessoa envolvida não te escute, não queira pensar com você sobre as soluções possíveis e se mantenha dura e irredutível em seus comportamentos – sim, essa é uma possibilidade, a comunicação não violenta (CNV) não é mágica —, você agora tem clareza sobre o que necessita e quais são os seus limites, pode buscar estratégias para cuidar deles, mesmo que isso signifique um rompimento ou um afastamento.

Perceba como ficam as suas emoções quando muda sua maneira de enxergar a situação. Como ficam seus pensamentos?

Não tenho aqui a intenção de convidar você a ser grato ou grata pelo problema. Não quero, de modo algum, incentivar a ideia de que você precisa apenas de pensamentos positivos e boas energias. Não vamos negar seus sentimentos desconfortáveis, não vamos pregar o perdão irrestrito e a desconsideração do que importa para você nas relações. Não vamos partir para um esforço de nos adequarmos ao que dói. A ideia é tirar das conversas a intenção de transformar o outro e fazê-lo entender o quanto ele é ilógico e desrespeitoso (ou adjetivos menos bonitos, eu sei que você conhece vários deles). Vamos trazer para as conversas o cuidado das necessidades de todos os envolvidos, inclusive das nossas. Assim, conseguimos sair dos lados opostos das trincheiras e convidamos o outro para, juntos, buscarmos formas saudáveis de lidar com o problema.

Nos próximos capítulos vamos falar sobre como identificar nossos sentimentos e necessidades; por ora, a intenção é ajustar suas lentes para a possibilidade de dialogar. Estamos com a difícil missão de recuperar – ou seria construir? – a sua fé na conversa. Um passo por vez.

PERCEBA COMO
FICAM SUAS
EMOÇÕES
QUANDO MUDA
SUA MANEIRA
DE ENXERGAR
A SITUAÇÃO.

DIFERENÇAS: A NOSSA TRIAGEM DE RISCOS.

Somos, todos nós, diferentes uns dos outros. Não há um ser humano exatamente igual ao outro, por mais que as ilusões românticas tenham nos contado que existem pessoas que são "o nosso número". Nascemos diferentes e vamos acumulando diferenças ao longo da vida: no modo de ver as situações, de perceber o que nos acontece, nos gostos, sonhos e desejos. Somos únicos, o que significa que não há outra pessoa que seja como nós.

Estou sendo repetitiva e redundante, eu sei. Mas é que por mais que saibamos que somos singulares, buscamos, inconscientemente, o conhecido, o familiar, o que se parece conosco. À medida que o comportamento do outro se afasta daquilo que conhecemos e concordamos, ou se aproxima do que conhecemos e abominamos – ou do que desconhecemos –, nosso cérebro acende um alerta. A gente reconhece as diferenças, mas deseja que fiquem bem distantes de nós. Acontece que a vida real não é guiada pelo algoritmo das redes sociais. Não existe um ser supremo que seleciona quem vai cruzar seu caminho: não vão ser apenas pessoas que votam em quem você vota, que gostam das mesmas músicas que você nem que reforçam a sua visão de mundo. Na escola das crianças, no escritório ou dividindo contigo a sua cama estão pessoas que não passaram pelo filtro de uma inteligência artificial. Fora das redes, o seu *feed* é diverso, complexo e multifacetado, quer você queira quer não.

Pense o seu cérebro como uma máquina que aprendeu a usar a energia disponível da forma mais econômica e eficaz possível. Não somos fontes inesgotáveis de energia, e sua oferta sempre foi limitada. Para facilitar seu incrível funcionamento, essa máquina fabulosa cria estratégias para reconhecer padrões e determinar se eles são seguros ou se são um risco.

Você já precisou ir a uma unidade de pronto atendimento de um hospital? Se sim, sabe que, ao chegar, todo mundo passa por uma classificação do estado de saúde e do tipo de atendimento de que precisa. A maioria dos lugares usa cores para diferenciar a urgência de atendimento dos pacientes. Essa classificação de risco não é aleatória, mas baseada em estudos científicos. Pessoas competentes e especializadas estudaram para criar a maneira mais eficiente e segura – para profissionais e pacientes – de essa complexa estrutura funcionar bem.

Sua mente faz algo semelhante. Classifica pessoas, situações e comportamentos de acordo com o risco que elas te oferecem, ou parecem oferecer. Acontece que, diferentemente do que ocorre no hospital, essa classificação não foi criada com base em estudos científicos que passaram por um crivo sério. Infelizmente ela é baseada em dados menos lógicos e precisos. O possível risco é estabelecido por critérios criados por sua interpretação de mundo quando era uma criança, pelos aprendizados e costumes do ambiente que te cercava, pelos valores e crenças que você vem construindo ao longo do seu crescimento. Você distribui etiquetas de *seguro*, *baixo risco*, *médio risco* ou *alto risco* – ou entra em pânico sem sequer conseguir colocar uma etiqueta – com base em uma mistura de referências que considera os costumes da época em que nasceu, as opiniões da sua família e dos seus amigos, além de conclusões que vêm sendo construídas desde a época em que você nem sabia falar o seu nome. Animador, não?

Não preciso dizer que você já etiquetou como seguras algumas situações que eram um risco à sua integridade, pura e simplesmente porque seus critérios de julgamento eram imprecisos e inadequados para determinar o risco real da situação. Assim como, algumas vezes, você se desesperou por situações que, no final das contas, não te ofereciam nenhum risco real, apenas porque eram tão desconhecidas que te impossibilitavam de classificá-las.

Inclusive, a maneira como você encara ou lida com o desconhecido é um dos principais critérios de distribuição de etiquetas de risco. Se cresceu tendo interesse pelo desconhecido, encarando o novo como uma oportunidade de aprendizado, as etiquetas verdes (seguro) estão em maior número em seus arquivos. Se o novo sempre foi ameaçador, vermelho (alto risco) e amarelo (médio risco) colorem a sua rotina. Ah, temos uma informação importante sobre essa classificação: na maior parte das vezes, ela é feita de modo inconsciente. É tão automático que você não costuma pensar nela. Ou seja, você sai distribuindo etiquetas sem perceber que está fazendo isso, ativando protocolos de ação irrefletidamente, dizendo: "Não sei por que, mas não confio nele..."

Claro que sua classificação, apesar do grande número de falhas, muitas vezes também acerta. Ela contribuiu muito para você ter chegado vivo ou viva até aqui. Não estou afirmando que você deve desconsiderar seus critérios; apenas sugiro que você comece a prestar um pouco mais de atenção a eles, a revê-los sempre que necessário, observando quantos fazem sentido e quantos estão tão obsoletos que apenas atrapalham os seus relacionamentos.

Essa faxina nos critérios ocorre, com bastante frequência, em momentos de conflito. Quando nos desencontramos do outro na maneira de pensar e agir, sentimos as nossas necessidades ameaçadas e precisamos analisar e observar qual etiqueta atribuímos a tal pessoa e/ou situação e por que a classificamos de um ou outro modo. Os conflitos acontecem quando a etiqueta de *seguro* sai de cena e identificamos algum risco à realidade. A mera diferença, por si só, não gera nenhum risco.

Lembro de uma amiga que constantemente brigava com uma colega de trabalho por conta da temperatura do ar-condicionado. Uma sentia muito frio, a outra, muito calor, e ambas dividiam os mesmos seis metros quadrados durante oito horas, cinco dias por semana. Se não fossem obrigadas a ficar juntas naquela sala diariamente, a sensibilidade ao frio e ao calor não traria qualquer desavença. Acontece que, ao compartilharem o mesmo ambiente de trabalho, a preferência de uma punha em risco o conforto da outra. De repente algo muito simples – a percepção de conforto diante da temperatura – ganhou contornos de falha de caráter. Etiquetas vermelhas foram distribuídas, e o problema já não era a temperatura, mas a falta de consideração e o egoísmo da outra.

Antes que você se iluda e acredite que é o alecrim dourado que nasceu no campo sem ser semeado, afirmo que todos nós temos construída a nossa classificação de segurança e ameaça e que, sim, julgamos tudo e todos de acordo com essa cartilha. Você não é a exceção, sinto te desapontar. Perceber a distribuição das etiquetas nos dá mais clareza sobre nossas decisões e sobre os protocolos de ação que colocamos em prática diante das situações. Em nenhum momento digo para você retirar as etiquetas, mas para observá-las, compreendê-las e usá-las de maneira consciente.

QUANDO NOS
DESENCONTRAMOS
DO OUTRO NA
MANEIRA DE
PENSAR E
AGIR, SENTIMOS
AS NOSSAS
NECESSIDADES
AMEAÇADAS.

OS PROTOCOLOS DE AÇÃO. POR QUE A GENTE FAZ O QUE FAZ?

As etiquetas de classificação de risco não existem apenas para determinar o que é perigoso ou não, mas também para disparar nossos mecanismos de como lidar com cada situação. Ou seja, para cada etiqueta, você criou protocolos de ação possíveis. De maneira geralmente automática, agimos de acordo com o que aprendemos que deve ser feito quando algo acontece.

Voltemos ao exemplo do pronto-socorro do hospital. Consegue imaginar como seria caótico, além de emocional e financeiramente inviável, pensar em como agir a cada situação que surge, sem nenhuma referência de quais padrões deveriam ser seguidos? Se a cada tosse, perna quebrada e dor estomacal fosse necessário pensar em uma forma nova e completamente única de lidar com a emergência? Qual previsibilidade profissionais e pacientes teriam? Saber que, quando alguém chega com determinada queixa, o protocolo é aferir a pressão, medir a temperatura e checar os sinais vitais facilita o funcionamento do hospital e transmite segurança a todas as pessoas envolvidas.

Com a intenção genuína de gerar segurança, evitar desperdício de energia e te fornecer alguma previsibilidade sobre a vida, sua mente também criou protocolos de ação de acordo com a classificação das situações. Um modo de agir predeterminado, que guia muitas das suas escolhas, e você sequer o percebe. Ele é acionado de maneira tão automática e com tanta frequência em sua história que parece ser o único jeito possível que você tem de lidar com os estímulos da vida. Acontece que, se você quer alcançar desfechos diferentes para os conflitos, é preciso repensar as respostas automáticas diante do que surge. Não dá para agir sempre do mesmo jeito, seguir os mesmos caminhos e acreditar que o resultado será diferente.

Marshall Rosenberg, psicólogo norte--americano que esquematizou a CNV, dizia que precisamos encarar as situações com a curiosidade com a qual olhamos para o rosto de um recém-nascido. Lembro do primeiro olhar que troquei com cada um dos meus filhos. Eu queria capturar cada detalhe, tinha tanta vontade de saber quem eram! Me demorei observando os olhos, as sobrancelhas, a boca em formato de coração, a textura da pele, a dificuldade com que me devolviam o olhar. Volta e meia, quando estou repleta de certezas sobre quem são e como agem, me convido a buscar aquela curiosidade. O que as minhas certezas me impedem de ver? O que a rigidez das minhas convicções deixa passar, diariamente, ao olhá-los?

Retomar a curiosidade diante da vida não significa abolir todos os protocolos — isso é impossível, não gaste sua energia nessa tentativa, ela é finita, ok? —, mas saber quando aplicá-los e quando refazê-los. É criar espaço para entender, de modo consciente, por que você está agindo como age e se essa ação vai realmente te ajudar a alcançar o objetivo desejado.

O protocolo do hospital não pode negar as especificidades de cada paciente. Não pode ser mantido quando nitidamente não está gerando os resultados esperados. Precisa ser revisto sempre que necessário, para que preocupações com a economia e a organização não se sobreponham ao que tem maior valor: a manutenção da vida. Não quero desanimar você, mas preciso falar, novamente, que essa é uma missão bem desafiadora. Muitos de nós passamos anos em processos terapêuticos para que consigamos entender os protocolos que aprendemos ainda na infância e desenvolver novas formas de agir. Então, não, você não vai decidir mudar isso hoje e *voilà*, nunca mais precisará pensar no assunto. A decisão de reconhecer e refazer protocolos é diária e constante.

Neste momento, o que precisamos é reconhecer a existência das etiquetas de classificação, bem como do protocolo que normalmente adotamos em situações de ameaça. Assim conseguiremos interromper esse ciclo e iniciar um novo jeito, mais autônomo, de agir. Antes de ter uma conversa difícil, de lidar com um conflito que virou confronto há algum tempo ou de falar sobre o que é importante para você, reflita sobre qual a sua tendência habitual de ação em situações semelhantes, e então se abra para a ideia de que uma nova maneira de agir é possível e saudável a partir de agora.

Possível, eis uma palavra essencial. O possível leva em consideração sua personalidade, seu estado de saúde físico e mental, os conhecimentos que você tem, o apoio que possui, sua situação social e financeira e tantas outras variáveis que interferem diretamente na sua disposição e capacidade de ação. Ou seja, não é uma questão de *foco, força e fé*. Colocar para si uma meta de ação inalcançável é plantar a frustração, e você certamente também tem um padrão estabelecido de como agir quando a frustração aparece. Percebe a complexidade do que estamos falando aqui?

Para facilitar um pouco nosso caminho, vamos pensar em alguns padrões comuns diante dos conflitos. Perceba onde costuma se encaixar e, ciente dessa tendência, busque, conscientemente, construir novos caminhos para agir.

Fugir do conflito

Seu protocolo de ação inclui se evadir de toda e qualquer possibilidade de conflito com o outro. Você finge que não está vendo, que não se incomoda, que nem está doendo tanto assim. O desconforto de uma conversa difícil é tão grande que você topa qualquer negócio para não precisar entrar nela. Por conta dessa tendência, costuma adiar a busca pela solução dos seus problemas até que chegue a um ponto insuportável.

Preparar-se para o combate

Quando um perigo surge, seu padrão é se preparar para a guerra. Você aprendeu que conversas são um ringue de onde apenas uma pessoa sai vencedora. As disputas de poder são parte da sua vida. Diante de um conflito com alguém que tem igual poder, você não cede, não negocia, se recusa a abrir mão de qualquer posicionamento a favor do outro. Ceder é perder, e você nunca quer perder. Se o conflito acontece com alguém que tem menos poder de negociação, você subjuga e apela para o autoritarismo. Diferentemente de quem foge do conflito, para o combativo, todo detalhe é importante e irrelevável.

Ceder sempre

Você aprendeu que é melhor ceder que confrontar. Prefere abrir mão do que importa para você a prolongar o incômodo de uma negociação ou a olhar um desentendimento de perto. Torce para que as conversas acabem rapidamente, mesmo que, para isso, precise renunciar a seus interesses.

Negociar e dialogar

Seu protocolo de ação é tentar entender o que está acontecendo com você e com o outro. Acredita que é possível resolver os conflitos com escuta, tempo e disposição. O novo te instiga e desperta sua curiosidade. Esse padrão costuma levar a desfechos mais benéficos a todos os envolvidos.

Infelizmente, a maioria de nós não acredita de verdade no diálogo e tem, como padrão, um dos três primeiros protocolos de ação: foge, luta ou cede. Perceber isso vai ajudar a entender quando você, mesmo querendo fugir, precisa ficar. Quando a luta é a pior das estratégias e o outro não é um inimigo a ser abatido no combate. Quando ceder vai trazer consequências danosas para sua relação consigo e com o outro.

Nomear o padrão nos abre a maravilhosa possibilidade de reconhecer quando ele precisa ser renovado e atualizado. Nos faz perceber que precisamos de uma pausa na conversa para beber água, respirar fundo e recuperar a capacidade de agir, em vez de simplesmente reagir. Nos ajuda a criar um espaço interno para escolher com mais consciência. E, quanto mais visitamos esse espaço, mais íntimos e íntimas ficamos dele.

NOMEAR
O PADRÃO
NOS ABRE
A POSSIBILIDADE
DE RECONHECER
QUANDO ELE
PRECISA SER
RENOVADO E
ATUALIZADO.

A ESPIRAL DO CONFLITO – E COMO SAIR DELA.

Você já notou que, por vezes, somos engolidos e engolidas por um conflito e, embaralhados em acusações e críticas, já nem sabemos dizer como ele começou? Aquele dia em que vocês discordaram sobre o restaurante japonês e o mexicano e, de repente, estavam falando do *réveillon* de 2015 e do quanto ele ou ela nunca cede. Aquela reunião em que a pauta era a escolha da nova agência de *marketing* e, de repente, estavam trocando acusações sobre quem está realmente engajado na empresa e quem não se importa com nada além de si mesmo. O desentendimento vira um tornado que aspira todos que estão ao redor, sem que ninguém consiga explicar como chegaram naquele ponto.

Estudiosos da mediação de conflitos dão a esse fenômeno o nome de *espiral do conflito*. Uma ação dispara uma reação, que dispara uma reação um pouco maior, que pede uma resposta um tanto mais incisiva e, sem que se deem conta, os envolvidos escalam em um confronto violento com ambos, fechando todas as portas de entendimento e diálogo. A animosidade cresce, a hostilidade também. O fato gerador do desencontro já não importa; vencer a troca de acusações se torna a meta principal. É uma questão de honra. Temos a sensação de que não podemos voltar atrás; ceder já não é uma opção. As necessidades do outro são insignificantes. Você precisa provar que ele está errado, e isso é tudo.

Para que consigamos sair dessa espiral, precisamos perceber a nós mesmos durante a conversa. Como está minha capacidade de escuta agora? Ainda quero entender os motivos do outro — e não necessariamente concordar com eles? Consigo separar meus julgamentos do que está acontecendo aqui? Estou procurando culpados ou soluções? Ainda acredito na conversa ou etiquetei o outro com um adesivo vermelho de alto risco e estou apenas seguindo meu protocolo de autoproteção? Minhas emoções estão me auxiliando ou embotando a visão neste momento?

Raramente começaremos uma conversa batendo a porta e chamando o outro de egoísta irresponsável. Em regra, iniciamos dispostos a conversar sobre o que está incomodando. À medida que um sobe um degrau no tom de voz, acusação ou atitude, o outro acompanha. A atenção aos nossos sentimentos, sobretudo nos primeiros degraus dessa escada, nos faz perceber o rumo que estamos seguindo e decidir, deliberadamente, manter a conversa no campo do respeito.

Discordância
(Vemos essa situação de maneiras diferentes.)
↘

Discussão
(Esse não é o jeito certo de pensar/agir.)
↘

Confronto
(Vou te provar que você está errado/a!)
↘

Hostilidade
(Você é um imbecil que não sabe o que faz/diz!)

Você conhece esse caminho? Quantas vezes já pulou de um passo para o outro sem perceber que estava sendo engolido ou en-

golida por essa espiral? O que pode te ajudar a identificar em que ponto dele você
está e como sair dele? A atenção aos nossos
pensamentos e emoções nos auxilia nesse
processo. Onde, em seu corpo, você sente
a raiva chegar? Quantas vezes observou os
sinais que ele envia, de que você precisa de
um tempo para recuperar a capacidade de
dialogar?

O corpo não é apenas o meio de trans-
porte da nossa maravilhosa cabeça. Ele nos
situa no aqui e agora, nos lembra que nossos pensamentos e a realidade não são a
mesma coisa. A mente pode estar na China
enquanto assistimos àquela aula entedian-
te, mas o corpo só pode estar no presente.
Enquanto nossos pensamentos acelerados
nos arrastam para previsões trágicas sobre
o futuro, o corpo não pode escolher em que
tempo experimentará a vida.

Sei que essa parece uma informação de-
simportante. No entanto, observar o corpo
e o modo como as emoções chegam nele
nos auxilia a entender onde estamos nessa espiral. Sentindo o ar entrar e sair dos
nossos pulmões, lembramos que os filmes

de terror que passam em nossa mente são apenas pensamentos. O corpo nos ajuda a recuperar a consciência quando somos sequestrados pelas emoções.

Diante disso, convido você a ouvi-lo com mais frequência. Apenas você pode saber como cada emoção se apresenta. Só você pode descobrir em que estágio a raiva te causa dor de cabeça ou seca sua garganta. É sua responsabilidade descobrir em que situações a irritabilidade diminui com respirações profundas e em quais pede um movimento corporal mais intenso. É a curiosidade e a experimentação que vão te ajudar a lidar com quem você é.

Você não precisa virar outra pessoa para ter conversas produtivas, acolhedoras e potentes. Não precisa nascer de novo para conseguir lidar com as próprias emoções. Passamos tanto tempo na vida escutando "você não deveria ser assim" que desperdiçamos energia tentando transformar quem somos. Não existe botão "deixar de ser assim". Sua timidez não te impede de demonstrar seus limites; não saber lidar com ela, sim. Sua tendência à explosão não é a causa das infinitas brigas que você acumula em sua história; não saber lidar com ela, sim.

Os conflitos nos fazem encarar partes nossas e do outro que não estamos acostumados a ver. Assustam, amedrontam. E nós conseguimos encarar o desconforto de atravessá-los para construir ambientes mais saudáveis e potentes. A gente se conhece mais após os conflitos. E que coisa boa é experimentar a intimidade e a confiança que se fortalecem quando nos conhecemos mais!

O QUE ESTÁ ACONTECENDO

?

(realidade X as histórias que
contamos sobre ela)

APRENDEMOS QUE A COMUNICAÇÃO COMEÇA A PARTIR DO MOMENTO EM QUE ABRIMOS A BOCA.

Essa convicção de que a fala é o que realmente importa nos faz refletir pouco sobre o que vem antes dela – as fases que a preparam e que podem fazer uma imensa diferença no que diremos.

A comunicação não é mera escolha de palavras. É uma soma complexa da forma como vemos a vida, do modo como sentimos, daquilo de que precisamos, do jeito como escutamos o outro e de como classificamos quem ele é e o que deseja, das estratégias que acumulamos em nossas experiências passadas para conseguir o que queremos. São camadas e camadas que normalmente nos passam despercebidas. Começamos a falar – com palavras ou gestos – ainda muito novos e o fazemos de maneira tão automática que não cuidamos dos detalhes do processo.

A comunicação não violenta (CNV) nos convida a cuidar do que antecede o dito. Há um tempo li Marshall Rosenberg dizer que da boca humana só saem duas expressões: *por favor* e *obrigada!*. A CNV busca nos reconectar com o nosso *por favor* e com o *por favor* que vem do outro. E, para trilhar esse longo caminho que antecede a escolha das palavras, precisamos de coragem e disposição para descobrirmos o que sentimos e precisamos, não o que *deveríamos* sentir e precisar. Não o que é o correto ou adequado. O que *realmente* sentimos, pensamos, desejamos, queremos. O que se esconde debaixo das máscaras e proteções que criamos a fim de conseguirmos sobreviver neste mundo confuso, repleto de pessoas que também não sabem dizer o que querem e desejam.

Pense no último conflito que se apresentou em uma relação importante em sua vida. Pode ser com seu filho ou filha, em seu trabalho, com amigos, em sua relação romântica, caso esteja em uma. Você consegue dizer exatamente o que precisava? Consegue dizer o que o outro ou a outra precisava? Consegue descrever o que estava acontecendo? O que pediu iria, realmente, trazer satisfação? Você pediu ou apenas insinuou, porque acreditou que era óbvio? Quais histórias contava em sua mente a respeito do que estava acontecendo? E, principalmente, quantas vezes pensou nessas perguntas enquanto buscava soluções para o que estava acontecendo?

A COMUNICAÇÃO NÃO É MERA ESCOLHA DE PALAVRAS.

QUEM CONTA UM CONTO AUMENTA UM PONTO.

O ditado "Quem conta um conto aumenta um ponto" era citado com frequência por uma das minhas professoras no Ensino Fundamental. Sempre que chegávamos à sua mesa, reclamando e brigando por questões triviais, como borrachas e apontadores, ela pedia que falássemos o que estava acontecendo, da forma mais clara possível, de preferência sem exageros. Cada um contava sua versão dos fatos e, como era de esperar, os relatos eram sempre diferentes, às vezes contrastantes entre si. Dizer "Quem conta um conto aumenta um ponto" era o jeito que ela encontrava de ensinar que cada um estava expondo os fatos do seu jeito e que, de modo geral, nenhum deles realmente correspondia à realidade.

Costumamos buscar soluções para nossos conflitos sem levar em conta que cada um de nós vê a realidade de formas distintas, pura e simplesmente porque não somos iguais. Toda conversa difícil precisa ser pensada a partir da maneira como cada um dos envolvidos percebe a realidade. Esse é o ponto de partida para que consigamos nomear o que sentimos e precisamos.

Aumentamos pontos diariamente nos contos que se multiplicam em nossa mente. Entre o que está acontecendo e o que entendemos que está acontecendo há um caminho longo e complexo. Todos temos um contador ou contadora de histórias em nossa cabeça, repetindo contos e criando versões sobre a realidade. Somos uma máquina de julgamentos ilimitados. Por mais bonito que seja o discurso de "menos julgamento, por favor", a realidade é que julgamos e julgaremos até o dia da nossa morte. Lembra do exemplo da emergência do hospital, das etiquetas de classificação de risco que distribuímos constantemente? Pois bem, isso funciona todos os dias da semana, sem feriados ou férias. Julgar nos ajuda a sobreviver, a diferenciar o que é seguro ou não, o que é adequado ou não. Sem essa maravilhosa capacidade, não sobreviveríamos.

O esforço necessário para a solução dos nossos conflitos é o de separar os julgamentos da realidade. O que pensamos sobre algo e o que isso é de fato. Nossa opinião sobre alguém e quem essa pessoa realmente é. Nossos julgamentos estão tão misturados à maneira como olhamos para a vida que muitas vezes somos incapazes de apartá-los do que está acontecendo.

Desenvolver a capacidade de separá-los é essencial por dois grandes motivos. O primeiro, para que tenhamos clareza sobre o que sentimos e queremos e, assim, possamos tomar decisões conscientes sobre os próximos passos. Quanto mais fiel à realidade o mapa é, maiores são as chances de trilharmos o caminho sem grandes percalços e chegarmos sãos e salvos ao nosso destino. O segundo é que, quanto menos julgamentos utilizamos em nossa comunicação, maiores as chances de sermos ouvidos e compreendidos pelo outro. Ao conversar sobre algo importante com alguém, você deseja que essa pessoa consiga se conectar a você, te escute verdadeiramente, *fique* na conversa. Acontece que, cada vez que dispara julgamentos, um atrás do outro, você abre portas para que o outro se desconecte de você e *fuja* desse encontro.

VAMOS A UM EXEMPLO:

Seu colega de departamento tem entregado os relatórios sem contemplar dados importantes que influenciam diretamente o seu trabalho. Você deseja que ele entenda a relevância daqueles dados e o quanto eles interferem na qualidade da sua entrega. Você tem necessidade de clareza e integração, e gostaria muitíssimo que tais necessidades fossem atendidas. Se, ao conversar com o colega, você diz: "Você sempre entrega o relatório incompleto e atrapalha o meu trabalho!", o que acha que irá acontecer?

↣ *Opção 1*

Seu colega vai ficar irado ou ofendido. Vai vasculhar a própria mente até encontrar um relatório que incluía os dados que você, injustamente, diz que ele não entrega. Agora é uma questão de honra provar o seu equívoco.

↣ *Opção 2*

Seu colega se entristece. Está em crise e acredita que faz tudo errado, é um péssimo profissional e certamente está com os dias contados na empresa. Pede que você não comente com ninguém, mas já está pensando em como pagará a escola das crianças sem esse emprego.

>> *Opção 3*

Seu colega decide contra-atacar. Aponta todos os erros que você cometeu nos últimos tempos. Relembra momentos em que relevou suas falhas. Se empenha em mostrar que o erro dele é pequeno diante das merdas que você faz.

>> *Opção 4*

Seu colega te ignora. Está irritado, ofendido, ou qualquer das opções anteriores, e decide que não vale a pena se irritar com você.

Consigo listar muitas possíveis reações para a sua fala, e poucas delas incluem escutar as suas necessidades, entender o que realmente importa para você, se conectar à sua demanda e buscar soluções que respeitem a ambos. Os julgamentos disparados na sua frase e a ausência de clareza do seu pedido transformam a conversa numa corrida de obstáculos. Cada vez que o outro se defende, pensa em maneiras de contra-atacar, se entristece e foca em salvar a própria pele, ele deixa de te ouvir. Você abre portas para que ele saia da conexão. As chances de você ter suas demandas escutadas e consideradas caem vertiginosamente. As chances de vocês serem engolidos pela espiral do conflito crescem. E você não quer que isso aconteça.

O julgamento e as avaliações são as ferramentas habituais do nosso cérebro para lidar com a realidade, para dar sentido a ela, e a busca pelo sentido do que está acontecendo muitas vezes nos desconecta do básico: o que, de fato, está acontecendo. Não estou afirmando que seus julgamentos estão sempre equivocados e devem ser desconsiderados, mas que é essencial serem nomeados como pensamentos e não como a realidade em si. Se considera importante comunicar seus pensamentos ao outro, faça isso assumindo que são a sua maneira de perceber a realidade.

VEJA A DIFERENÇA:

➤ *Realidade e julgamento misturados:*

"Você não se importa com os outros, sempre foi egoísta!"

➤ *Realidade e julgamento separados:*

"Quando você aceita um compromisso que também me inclui, mas sem me consultar, eu penso que não se importa com a minha opinião sobre as coisas. Como você vê essa situação?"

Em ambas as frases os julgamentos foram comunicados, mas há uma imensa diferença entre elas. A disposição do interlocutor ou interlocutora para escutar sua fala muda quando você assume seu pensamento como algo que pode ou não corresponder à realidade.

A seguir, compartilho com você outras situações em que confundimos fato e opinião, além de maneiras de nos comunicar assumindo nossas percepções como leituras da realidade, e não a realidade em si:

OBSERVE ESTES EXEMPLOS:

"Você não vai passar no teste se não estudar!" ➤➤ "Sem estudar, suas chances de passar no teste diminuem bastante."

"A diretora da escola não escuta ninguém!" ➤➤ "Tenho a sensação de que nossas demandas não estão sendo escutadas na escola."

"É impossível lidar com você!" ➤➤ "Estou com dificuldade de lidar com essa situação agora."

IMPORTANTE: Ao comunicar seus julgamentos, esteja disposto ou disposta a também escutar os de quem conversa com você. Se ambos conseguem dividir as percepções sobre a realidade com respeito e curiosidade, o diálogo se aprofunda e a intimidade aumenta. Nossos julgamentos falam muito sobre nós, sobre nossas histórias de vida, nossos medos e sentimentos. Investigá-los nos faz conhecer mais sobre nós mesmos. Ajudar o outro a investigar os próprios julgamentos faz com que façamos novas descobertas sobre ele. Estabelecer relações onde é seguro investigar a si e ao outro é um presente raro. Em um mundo ideal, todos teríamos disposição para observar os nossos julgamentos e opiniões. No mundo real, acreditamos que nossos julgamentos são a verdade e entendemos todo julgamento do outro como uma provocação, rejeição e um convite para escalarmos juntos a espiral do conflito.

Separar *fato* de *opinião* é um exercício diário que pode melhor as relações, mas é algo bastante difícil de fazer no cotidiano. No início deste capítulo, eu te convidei a pensar no último conflito que surgiu em uma relação importante para você, pedindo que refletisse sobre o que aconteceu. Seu primeiro relato era livre de julgamentos ou o julgamento e a realidade estavam misturados e você sequer se deu conta? Você se sente capaz de separá-los agora?

Nos próximos capítulos, vamos aprender a escutar nossos pensamentos e a entender o que eles nos contam sobre nós. Por ora, precisamos exercitar a separação de *fato* e *opinião*:

Fato e opinião misturados	Fato livre de opinião
Ela sempre chega atrasada!	Na última semana, ela chegou atrasada todos os dias!
Ele é muito chorão!	Ele chorou quando terminamos o relacionamento.
A comida daquele restaurante é horrível!	Não gostei da comida quando almocei naquele restaurante.

(Continua)

(Continuação)

Fato e opinião misturados	Fato livre de opinião
Essa equipe é despreparada!	A equipe entregou o portfólio incompleto, mesmo recebendo as orientações conforme o combinado.
Ela surtou sem nenhum motivo!	Ela gritou e eu não entendi o motivo.
João foi bastante desagradável na reunião de ontem.	João interrompeu a fala de quatro colegas durante a reunião de ontem.

Quais são os julgamentos da primeira coluna? Você consegue identificá-los?

Fato e opinião misturados	Julgamentos
Ela *sempre* chega atrasada!	Quando utilizamos palavras como *sempre*, *nunca*, *jamais* e *frequentemente*, em regra, estamos emitindo julgamentos. Evitamos as avaliações quando delimitamos um tempo, um espaço e um contexto específicos sobre o qual estamos falando.

(Continua)

Fato e opinião misturados	Julgamentos
Ele é muito *chorão*!	Ao utilizar o verbo *ser* para definir o que alguém é, de acordo com um comportamento, atitude ou característica, estamos julgando. Estamos rotulando, lendo aquele fato específico a partir de experiências anteriores.
A comida daquele restaurante é *horrível*!	O uso de adjetivos é um sinal de que deixamos de observar a realidade e nos perdemos nas histórias que contamos sobre ela. O que nos faz achar algo *horrível*? O que nos faz acreditar que nossa opinião é universal?
Essa equipe é *despreparada*!	Mais uma vez, o verbo ser foi utilizado para definir a realidade. Não há qualquer especificação do motivo pelo qual a equipe foi considerada *despreparada*.
Ela surtou *sem nenhum motivo*!	*Sem nenhum motivo* é um julgamento. Esquecemos de que nossa compreensão não abrange todos os aspectos da realidade e rotulamos como incompreensível o que não podemos entender.

(Continua)

(Continuação)

Fato e opinião misturados	Julgamentos
João foi bastante *desagradável* na reunião de ontem.	Novamente, o uso de um adjetivo demonstra que classificamos o ato/ situação/pessoa conforme nossas experiências anteriores, sem especificar o fato em si.

Consegue perceber como responder "O que está acontecendo?", separando objetivamente fato de opinião, é um exercício desafiador? Nós nos habituamos a julgar e avaliar, e fazemos isso com tanta frequência que nem percebemos. Há uma voz julgadora e avaliadora que narra a realidade em nossa mente há tanto tempo que nem notamos quando é ela que está nos contando suas histórias. Nos atermos ao fato em si diminui as possibilidades de contra-argumentação. A realidade é o que é. Ao descrevê-la, reduzimos os obstáculos no caminho, permitindo que a conexão flua em nossas conversas.

É importante dizer que as violências estruturais não são julgamentos sobre a realidade, mas fatos observáveis. Atitudes machistas, homofóbicas e racistas não são histórias que contamos sobre o que nos acontece, mas si-

tuações que podem ser medidas e comprova-
das por estudos e observações sociais. A não
violência não pode ser utilizada como mais
um instrumento de silenciamento de grupos
minoritários, uma ferramenta de manipula-
ção e distorção dos fatos.

O QUE estou SENTINDO ?

("são tantas emoções...")

APRENDEMOS MUITO POUCO SOBRE OS SENTIMENTOS.

A maioria de nós não teve, durante a infância, auxílio para reconhecer, nomear e buscar estratégias para lidar com o que pulsa dentro de nós. Nos ensinaram trigonometria, a diferença entre planície e planalto, mas nada nos falaram sobre como lidar com a tristeza, o que tem ligação com a raiva, o que fazer para recuperar o equilíbrio ou como acessar um espaço de escolha entre o que nos acontece e como reagimos ao que acontece. O foco nos bons e maus comportamentos reduzia os sentimentos a meros inconvenientes que precisávamos aprender a soterrar, esconder, controlar e disfarçar. "Você quer um motivo de verdade para chorar?" nos foi dito tantas vezes que naturalizamos a prática de desconsiderar o que sentimos, engolir e seguir em frente.

O sentimento que não olhamos, não nomeamos e não cuidamos não desaparece. Ele não nos abandona simplesmente porque decidimos que é inadequado e não deveria existir. Ele fica, reverbera e guia nossas ações. A maneira como nos sentimos interfere no tom de voz que usaremos, nas palavras que escolheremos, nas pausas que faremos, no modo como receberemos cada palavra dita pelo outro. Você sabe disso. Você sabe que já errou nas relações porque perdeu a oportunidade de respirar fundo e escolher melhor o que falar. Você, assim como eu e todo o restante da humanidade, sabe que os sentimentos não são administrados por um controle remoto que podemos facilmente acessar. Fazemos merda por não saber lidar com o que sentimos. E, se estamos falando de resolução de conflitos, de conversas difíceis e limites, precisamos reconhecer a importância desses visitantes inesperados em nossa vida.

Muito além de parar de ignorar seus sentimentos, você precisa aprender a fazer as pazes com eles e ouvi-los. São eles que, se bem escutados, vão te guiar para resoluções de conflitos funcionais e satisfatórias. E são eles que, se ignorados ou escutados de maneira rasa e equivocada, vão te levar a caminhos desastrosos e completamente contrários ao que é importante para você. A opção *fingir que não estou sentindo nada* é a pior possível. Não dá para continuar escolhendo-a como a opção mais madura ou acertada.

MUITO ALÉM
DE PARAR DE
IGNORAR SEUS
SENTIMENTOS,
APRENDA A
FAZER AS
PAZES COM ELES
E OUVI-LOS.

OK, MAS... E AGORA?

Essa ideia de *escutar os sentimentos* sempre me pareceu um tanto ilógica e absurda. Escutar o quê? Como? Por vezes meu barulho interno é tão grande que não consigo diferenciar os vários sons dentro de mim. Oscilo entre uma banda de *heavy metal*, carpideiras chorando em velórios de desconhecidos e crianças correndo e gritando loucamente na hora do recreio. Como escutar algo útil nesse caos? Como acreditar que, dentro dessa mistura inconstante de sensações, há informações que me guiarão para boas decisões?

Não sabemos dar nome ao que acontece dentro de nós. Nosso vocabulário para rotular o comportamento – do outro ou o nosso – é muito mais vasto que nossas possibilidades de descrever o que sentimos. Sabemos rapidamente rotular o outro como *burro*, *inconsequente*, *grosso*. Mas não temos palavras para dizer que estamos frustrados com o que aconteceu, assustados com a ausência de certezas da vida. Na emergência caótica desse nosso hospital, distribuímos etiquetas sem escutar nenhum dos sintomas com atenção. Estamos sempre conectados com as experiências do passado ou perdidos nas projeções trágicas do futuro. A pouca intimidade com o que sentimos nos dá a sensação de que não há nada lógico ou proveitoso em permitir que as emoções existam, afinal, pessoas maduras conseguem controlar o que sentem.

Pois bem, não controlamos o que sentimos. Não determinamos que emoção nos visitará em cada situação da vida. Você pode ficar triste com a notícia da gravidez, mesmo que todos digam que "filhos são uma bênção". Pode ficar alegre ao saber que os planos de mudança daquela amiga não deram certo, mesmo que torça genuinamente para que ela seja feliz. Pode sentir um medo que beira o desespero diante da promoção que você tanto sonhou. E pode sentir tudo junto e misturado: carpideiras, crianças correndo no recreio enquanto rola um show de uma banda de *heavy metal*. O que está ao nosso alcance é decidir COMO agiremos com o que sentimos. Que destino daremos ao que borbulha em nós? Só aprendemos a lidar com o que aceitamos que existe.

Os sentimentos são bússolas que apontam para as nossas necessidades que estão ou não sendo atendidas. Cada sentimento nos conta algo importante sobre nós, mesmo os mais desagradáveis de experienciar. O medo, a angústia, a decepção, a aflição e a frustração – todos nos falam que coisas importantes para nós foram negligenciadas, estão sendo desconsideradas, precisam ser vistas e cuidadas.

Isso não quer dizer que todos ao seu redor precisam realizar as suas vontades. Conhecer as suas necessidades não significa impor seu desejo sobre o outro. A intimidade com o que importa para nós nos fornece algo muito precioso, a consciência do que podemos ou não podemos negociar, do que estamos dispostos a ceder e do que é imprescindível para nossa existência. Os sentimentos contam o que importa para você em cada situação. As estratégias que adotamos para conseguir o que importa é outra parte da história – falaremos mais sobre isso no próximo capítulo. Neste momento, vamos focar na maneira como você se sente.

O que acha de voltar ao conflito que pensamos no capítulo anterior? Fizemos o

exercício de descrever a situação sem ava-
liá-la. Separamos fato de opinião – ou, pelo
menos, tentamos com muito afinco. Agora
vamos nos aprofundar um pouco mais nela.
Você consegue dizer como se sentia? Consegue dar nome ao que guiava suas ações?
Tente fazer isso agora – e tudo bem se não
for fácil como parece.

Evite palavras como bem, mal, triste, feliz *e* normal

Não estou dizendo que essas palavras
estão erradas, mas, infelizmente, são as
que mais nos acostumamos a usar para
nomear nossos sentimentos. Por isso,
quero te desafiar a ir além delas.

A seguir você encontrará uma *lista de sentimentos* para te ajudar nessa tarefa. Leia
cada item com cuidado, consulte o dicio-
nário se precisar de auxílio para compreender seu significado, perceba a suti-
leza que separa cada um deles.

Ampliar seu vocabulário para traduzir para
o mundo o que acontece dentro de você
é algo potente e necessário, que vai ampliar, também, a compreensão do outro e,

consequentemente, as possibilidades de entendimento entre vocês.

Não sei se você fala outra língua além do português, mas pense nessa busca como se desbravasse seu mundo interno aprendendo um novo idioma. Nos primeiros contatos com a nova língua, você é capaz de descrever situações muito simples, de forma sucinta e, por vezes, incompleta. À medida que aumenta o conhecimento de novas palavras, cresce também sua capacidade de comunicar o que quer com detalhes, utilizar tempos verbais que não sejam apenas o agora, por exemplo. Cada nova palavra aprendida é uma nova possibilidade de você comunicar com maior exatidão o que precisa. E é uma ampliação das suas possibilidades de ser compreendido ou compreendida. *Bem*, *mal*, *triste*, *feliz* e *normal* são apenas o começo da aprendizagem, mas são insuficientes — e eu te garanto que você pode muito mais.

LISTA DE SENTIMENTOS[*]

QUANDO SUAS NECESSIDADES ESTÃO SENDO ATENDIDAS, É PROVÁVEL QUE VOCÊ SE SINTA:

à vontade	consciente	extasiado	pacífico
absorto	contente	exuberante	plácido
agradecido	criativo	exultante	pleno
alegre	curioso	falante	radiante
alerta	despreocu-pado	fascinado	relaxado
aliviado	emocio-nado	feliz	resplan-decente
amistoso	empolgado	glorioso	revigorado
amoroso	encantado	gratificado	satisfeito
animado	encorajado	grato	seguro
atônito	engraçado	inspirado	sensível
ávido	entretido	interessado	sereno
bem-hu-morado	entusias-mado	livre	surpreso
calmo	envolvido	maravilhado	terno
carinhoso	equilibrado	maravilhoso	tocado
compla-cente	esperançoso	motivado	tranquilo

(Continua)

---

[*] Marshall B. Rosenberg. *Comunicação não-violenta.* São Paulo: Ágora, 2006, pp. 72-75.

(Continuação)

compreensivo	esplêndido	orgulhoso	útil
concentrado	estimulado	otimista	vigorosa
confiante	excitado	ousado	vivo
confiável			

AMPLIAR SEU
VOCABULÁRIO
PARA TRADUZIR
PARA O MUNDO
O QUE ACONTECE
DENTRO DE VOCÊ
É ALGO POTENTE
E NECESSÁRIO.

QUANDO SUAS NECESSIDADES NÃO ESTÃO SENDO ATENDIDAS, É PROVÁVEL QUE VOCÊ SE SINTA:

abandonado	confuso	fulo	obcecado
abatido	consternado	furioso	oprimido
aflito	culpado	hesitante	perplexo
agitado	deprimido	horrorizado	perturbado
alvoroçado	desamparado	hostil	pesaroso
amargo	desanimado	impaciente	pessimista
amargurado	desapontado	impassível	péssimo
amedrontado	desatento	incomodado	preguiçoso
angustiado	desconfiado	indiferente	preocupado
ansioso	desconfortável	infeliz	rancoroso
apático	descontente	inquieto	receoso
apavorado	desencorajado	inseguro	rejeitado
apreensivo	desesperado	insensível	relutante
arrependido	desiludido	instável	ressentido
assustado	desolado	irado	segregado

(*Continua*)

93

(*Continuação*)

aterrori-zado	encabulado	irritado	sem graça
atormen-tado	encren-cado	irritante	sensível
austero	enojado	irritável	solitário
bravo	entediado	letárgico	sonolento
cansado	envergo-nhado	magoado	soturno
carregado	exagerado	mal-hu-morado	surpreso
cético	exaltado	malvado	taciturno
chateado	exasperado	melancô-lico	temeroso
chato	exausto	monótono	tenso
chocado	fraco	mortifi-cado	triste
ciumento	frustrado	nervoso	

Separe o que é sentimento e o que é julgamento

É possível que você, quando se esforça para descrever o que sente, ainda esteja misturando suas opiniões e avaliações com a realidade. E talvez faça isso com tanta naturalidade que não percebe que está julgando. Na prática da CNV, costumamos nomear de *pseudossentimentos* os julgamentos que surgem fantasiados, como se fossem sentimentos. Parecem sentimentos reais, mas, na verdade, são julgamentos. Eu sempre achei essa diferenciação difícil de perceber e de explicar, até que li, em *Ser bom não é ser bonzinho*, de Cláudio Thebas, uma dica maravilhosa: você consegue demonstrar o sentimento real com uma expressão fácil, sem o auxílio de mais ninguém. Aflição, medo, pânico, ânimo, entusiasmo e todos os que foram listados anteriormente dispensam a participação de outra pessoa em um teatro.

Agora tente expressar que está se sentindo julgado ou ignorada. Percebe que para ser julgado alguém tem que te julgar, e para ser ignorada alguém tem que te ignorar?

Se confundo um pseudossentimento com um sentimento real, me afasto de mim, porque não estou escutando e entendendo o que estou sentindo. Ao mesmo tempo, convido o outro a reagir ao que digo, mergulhando na espiral do conflito. "Mas eu não estou te julgando!", "Ah, você acha que estou te ignorando?", "Quer falar sobre o que você fez na semana passada?"

A seguir, indico uma lista de pseudossentimentos para que você possa reconhecê-los e desviar das armadilhas que eles trazem.

LISTA DE PSEUDOSSENTIMENTOS[*]

ameaçado	desapon-tado	malcom-preendido	preterido
atacado	diminuído	maltra-tado	provocado
aviltado	enclausu-rado	manipu-lado	rejeitado
coagido	encurra-lado	menos-prezado	sobrecar-regado
cooptado	enganado	negligen-ciado	subesti-mado
criticado	ignorado	podado	traído
desacre-ditado	intimidado	pressio-nado	usado
desampa-rado			

Outro ponto essencial para separar o sentimento do julgamento é o uso da palavra *que*. Sentimentos reais não precisam do *que* para fazerem sentido. "Eu sinto *que* você não me escuta!" não é

---

[*] Marshall B. Rosenberg. *Comunicação não-violenta*. São Paulo: Ágora, 2006. p. 71.

uma descrição do seu sentimento, por mais bem-intencionado que seja o uso da palavra *sinto*.

Eu sinto tristeza, raiva, entusiasmo... e nenhum deles anda acompanhado da palavra *que*.

Não economize palavras para descrever o que sente

Por vezes escolhemos uma única palavra para nomear o que sentimos, quando precisaríamos de muitas outras palavras para alcançarmos a imensidão do que nos move. Quando você diz que está com *ciúme*, quais sentimentos está deixando de nomear e reconhecer? Insegurança, medo? Que outros sentimentos ficam de fora da sua descrição?

A raiva é um sentimento de segundo plano

Pense nela como uma capa que está escondendo outros sentimentos. Aventure-se além da aparência, não se contente com a resposta "Estou irado!". Tente entender o que disparou essa raiva. Frustração? Tristeza? Medo?

Descobrir quais sentimentos acompanham a raiva é um desafio, sobretudo se estamos muito tomados por ela. Às vezes, respirar fundo ajuda a regular as emoções e a recuperar a consciência. Em outros momentos, a energia física da raiva pede mais, pede movimento: beber água, lavar o rosto, caminhar, correr, dançar. Você sabe o que te ajuda a recuperar a consciência quando o corpo está tomado pela raiva? O que te avisa que ela está chegando e crescendo? Não há resposta pronta para nenhuma dessas perguntas. Não sou eu quem pode informar como as emoções chegam em você, tampouco como você deve agir diante delas. Esse é um caminho de descoberta todo seu. Um novo idioma, que precisa ser experimentado e aprendido.

Seus sentimentos não são seus inimigos, não são indevidos e inadequados, não te tornam menos merecedor ou merecedora de amor, carinho e respeito. Não precisam ser controlados, suprimidos e escondidos. São amigos, mensageiros importantes que informam o que precisa ser cuidado e considerado em cada gesto, fala e escolha. Ignorar o sentir é se desconectar de sua bússola interna. É desligar o GPS em um lugar desconhecido. Não é a melhor das escolhas.

Temos medo de permitir que a tristeza exista e que ela nos engula. Que o medo nos assombre a ponto de paralisar. Que a raiva nos domine e governe nossas ações. Mas os sentimentos não duram para sempre; eles passam e dão lugar a outros sentimentos. A quietude da tristeza pode ser exatamente o que você precisa para recalcular a rota e tomar novos rumos na vida. Talvez escutar o medo mostre o que realmente importa na situação que você está vivendo e te oriente sobre o que é necessário proteger. Quem sabe seja a força da raiva o impulso necessário para que você não admita, nem mais um dia, o inadmissível? Cada sentimento importa. Nomeie-o. Acolha-o. E aprenda a olhar na direção em que eles apontam.

O QUE É IMPORTANTE PARA MIM?

(onde estão os limites?)

VOCÊ JÁ APRENDEU QUE NÃO PRECISA FUGIR DOS SEUS SENTIMENTOS.

Eles não vão te engolir e destruir sua racionalidade. São companheiros que te mostram o que é importante para você. Mas... como se faz esse caminho? Entre reconhecer a tristeza e saber o que ela diz, o que acontece?

Sinto muito, não tenho uma resposta única para te passar. Não há um gabarito que informe: *Aperto no peito = angústia = necessidade de segurança* ou *Nó na garganta = frustração = necessidade de compreensão*. A vida seria mais fácil se não precisássemos de tanta reflexão, se a autocompreensão fosse algo simples. Acontece que entender o que seus sentimentos querem te contar pede atenção, tempo e curiosidade. Um exercício diário, como o aprendizado de um novo idioma, lembra?

O aperto no peito ao encontrar aquela colega pode significar que a confiança, que é algo muito importante para você, não está presente nessa relação. A irritabilidade quando você conversa sobre aquele assunto *problemático* com sua companheira pode significar que ele abala a sua necessidade de pertencimento. O desânimo e a vontade de não sair do carro quando você estaciona em frente ao escritório pode significar que reconhecimento, que é uma necessidade tão especial para você, está fazendo uma falta profunda. Cada um deles te chama atenção para o cuidado com algo que, se presente, melhoraria sua vida.

As necessidades humanas são universais e todos nós as temos, em maior ou menor grau. Somos seres interdependentes, precisamos uns dos outros para nos mantermos saudáveis e vivos. Precisamos da comunidade, do grupo, das relações. O amor próprio e o autocuidado não são suficientes para garantir sua saúde mental e sua felicidade. Por mais tentador que possa parecer, não conseguiremos sozinhos. Reconhecer o que os sentimentos nos contam e para o que as necessidades apontam nos ajuda a criar redes que nos apoiam e cuidam, auxiliando no atendimento do que é importante para cada um de nós. Veja bem, não estou dizendo que você precisa ser atendido em tudo o que quer e do jeito como quer. Conhecer suas necessidades não significa impor seu desejo sobre o outro. A intimidade com o que importa para nós nos fornece algo muito precioso: a consciência do que podemos ou não podemos negociar, do que estamos dispostos a ceder e do que é imprescindível para nossa existência.

Todas as nossas necessidades são válidas e importantes. E todas as nossas atitudes – sim, todas elas – buscam atender a alguma necessidade. Isso quer dizer que não existe "Falei só por falar". Não existe "Estou agindo assim sem nenhuma intenção". Você pode não estar consciente do que está pedindo, pode não ter clareza das suas necessidades, mas está agindo buscando atendê-las mesmo assim. No entanto, há uma pedra no meio do caminho. Enquanto as necessidades humanas são inerentes à nossa existência, nossas estratégias para satisfazê-las são aprendidas. E aqui está nosso maior problema.

Em geral, temos péssimas estratégias. Precisamos de atenção e a pedimos afastando o outro; queremos carinho e o pedimos brigando; necessitamos de reconhecimento e o exigimos desobedecendo aos acordos da relação. Nossas estratégias, assim como a classificação do que é ou não um risco, são definidas a partir de uma mistura de ferramentas infantis, traumas e aprendizados confusos ao longo da vida. Este é o nosso maior problema na tentativa de resolução dos conflitos: brigamos pelas estratégias e não nos conectamos às necessidades. Confundimos as duas, achamos que são a mesma coisa e limitamos nossas possibilidades de entendimento.

A seguir, indico uma relação de necessidades humanas universais, para que você possa consultar e ampliar seu repertório.

LISTA DE ALGUMAS DAS NECESSIDADES HUMANAS UNIVERSAIS[*]

BEM-ESTAR (PAZ)

Sustento/Saúde

Abrigo	descanso, dormir	saúde integral	sustenta-bilidade
abundância, prosperi-dade	exercício físico	suporte, ajuda	vitalidade, energia, estar vivo
alimento			

Segurança

confiança	familiari-dade	ordem, estrutura	proteção contra danos
conforto	fé	previsibili-dade	segurança emocional
estabili-dade			

Descanso/Recreação/Diversão

aceitação	equani-midade	humor	relaxa-mento
apreciação, gratidão	equilíbrio	movi-mento	simplici-dade

(*Continua*)

* Lista elaborada pela Colibri, disponível em <colabcolibri.com/cnv>.

(Continuação)

beleza	espaço	plenitude	tranquili-dade
consciência	facilidade	rejuve-nesci-mento	

CONEXÃO (AMOR)

Amor/Cuidado

afeto, carinho	companhia	intimidade	respeito, ser honrado
beleza	conexão sexual	proxi-midade, toque	valorização
compaixão, gentileza	importar, ser valorizado		

Empatia/Compreensão

aceitação	cons-ciência, clareza	presença, escuta	respeito, igualdade
autoestima	conside-ração	receptivi-dade	sensibili-dade
comunicação	ouvir, ser ouvido	reconhe-cimento	ver, ser visto
conhecer, ser conhecido			

Comunidade/Pertencimento

compa-nheirismo	generosi-dade	inclusão	parceria, relaciona-mento
confiabili-dade	harmonia, paz	interde-pendência	suporte, solidarie-dade
cooperação	hospita-lidade, acolhi-mento	mutua-lidade, reciproci-dade	transpa-rência, franqueza

AUTOEXPRESSÃO (ALEGRIA)

Autonomia/Autenticidade

autorres-ponsabili-dade	consis-tência	escolha	integri-dade
clareza	continui-dade	honesti-dade	liberdade
congruência	dignidade	indepen-dência	poder, empode-ramento

Criatividade

aventura	estar vivo	inovação	mistério
descoberta	iniciativa	inspiração	paixão
esponta-neidade			

109

Significado/Contribuição

apreciação, gratidão	celebração, luto	eficácia	mistério
aprendizado, clareza	conquista, produtividade	eficiência	participação
autoestima	crescimento	excelência	propósito, valor
autorrealização	desafio	habilidade, perícia, proficiência	retroalimentação, feedback

Percebe que na lista não consta *Necessidade de que minha esposa me escute mais* ou *Necessidade de que meu colega me apoie*? Sim, você tem necessidade de *escuta* e *apoio*, mas o atendimento dessas necessidades não tem um endereçamento único. Você pode desejar muito que sua necessidade de escuta seja suprida por sua esposa, mas, se achar que somente ela pode fazer isso, ficará dependente, e ela, sobrecarregada. O apoio do seu colega pode, realmente, melhorar sua vida. Mas pode ser que ele nunca o faça. O que será feito com a sua necessidade de apoio?

RESUMINDO:

Necessidade = O que você precisa/
O que importa

Estratégia = Como você pode
atender à sua necessidade

Necessidade × **Estratégia**

O que   Como

Se reconheço que tenho necessidade de escuta e gostaria de que fosse atendida pelo meu marido, assumo que essa é uma das opções possíveis, uma das minhas *estratégias*. Se ele demonstra indisponibilidade ou desinteresse em me escutar, posso adotar novas estratégias. Posso reconhecer quanto a escuta é importante para mim em um relacionamento e concluir que é requisito inegociável para a construção de uma relação saudável, ponderando se quero permanecer nela ou não. Se meu colega não me apoia, posso procurar suporte em outros setores da empresa. Posso planejar novas maneiras de realizar o que é necessário. Posso estabelecer um diálogo em que as minhas necessidades e as possibilidades dele são nomeadas e apresentadas. Não desisto da minha necessidade se uma das estratégias se mostra inviável.

Quando estamos envolvidos ou mediando um conflito, separar *estratégias* e *necessidade* amplia a capacidade de diálogo. Em regra, a solução funcional para o desentendimento é uma estratégia nova, diferente, pensada em conjunto pelos envolvidos. O encontro com o outro pode nos fazer perceber uma solução que, sozinhos, não pensaríamos. Nossa visão de mundo é limitada; logo, nossas estratégias também serão. De que maneira você se sente escutado ou escutada? Quais gestos e falas quem convive com você precisa adotar para que supra sua necessidade de escuta? Que outras estratégias são possíveis?

Percebe que, ao misturar estratégia e necessidade, você limita sua capacidade de cuidar do que é importante para você? Quanto mais consciência da sua necessidade, maiores são suas chances de encontrar caminhos para satisfazê-la!

VAMOS A TRÊS EXEMPLOS:

➤ A sala onde você trabalha está com alguns pontos de infiltração e mofo no teto. Os arquivos de papel (por que ainda usam isso?) estão se acumulando no armário à sua frente. O ambiente está ficando cada vez mais insalubre. Você conclui que precisa de uma sala nova. Uma sala nova é uma estratégia que, nesse momento, você entende como necessidade. Você se dirige ao RH, pronto ou pronta para a briga. Sente uma grande exaustão e deseja uma solução urgente. Ao entrar na sala e expor o seu pedido, escuta algo como: "Então..." Frases que começam com *então* são um mau presságio — seu pedido vai ser negado, você já sabe. Agora está irado ou irada e decepcionado ou decepcionada. "Não há outra sala disponível" é a sentença que se segue. Seu desejo é sair naquele instante, batendo a porta. Seus pensamentos e julgamentos gritam muito alto e você já não consegue escutar a sua companheira na conversa. Ela se tornou uma inimiga a ser combatida.

Quais possibilidades se abririam se você soubesse qual é a sua necessidade nessa situação?

→ Você está com o mesmo problema com a sala, mas, em vez de acreditar que precisa de uma sala nova, você conclui *que tem a* necessidade de *segurança* (não quer ficar doente ou ver o teto desabar!), *conforto* (você passa várias horas do dia naquele lugar, precisa que seja minimamente confortável) e *consideração* (como podem te deixar trabalhar em um ambiente assim?). Você realmente acredita que a melhor saída é que te forneçam uma sala nova. Ao realizar a solicitação ao RH, você não pede uma sala nova, mas um ambiente seguro e limpo para trabalhar, e sugere uma sala nova. A responsável pelo RH novamente começa a frase com um "Então..." Mas, logo após informar que não há sala nova, ela pergunta se o reparo da infiltração e a pintura da sala, além da transferência dos arquivos para o almoxarifado, atendem às suas necessidades. Você entende que sim. Vocês estabelecem um prazo para que seja cumprido o acordo e, enquanto os ajustes não são feitos, você pode trabalhar em *home office*.

Você conhecia as suas necessidades e, apesar de ter uma estratégia em mente, compreendia que ela não era a única possível.

A solução encontrada na conversa não contemplou a sua estratégia, mas atendeu às suas necessidades.

➤➤ Você e seu esposo ou esposa estão com um conflito em relação a ter ou não uma televisão no quarto de vocês. Você acredita que o barulho e a iluminação à noite certamente atrapalharão sua necessidade de descanso. Porém, seu companheiro ou companheira acredita que a facilidade de ter o aparelho em frente à cama atende à necessidade de conforto dele ou dela. Se você acredita que precisa de um quarto sem televisão e seu esposo ou esposa afirma que precisa da televisão no quarto, ficarão em um impasse de difícil resolução. Porém, se ambos souberem as suas necessidades, estarão mais hábeis a pensar possibilidades que atendam às necessidades dos dois. Talvez a televisão possa ser instalada no quarto, mas com horário de uso preestabelecido. Pode ser que um novo sofá na sala atenda ao desejo de conforto e mantenha o aparelho longe do quarto.

São opções que, apesar de divergirem da estratégia inicial, contemplam as suas necessidades.

A confusão entre estratégia e necessidade reduz as possibilidades de desfechos saudáveis e funcionais para os desencontros que certamente acontecerão em nossas relações.

PRECISAMOS DA COMUNIDADE. O AMOR PRÓPRIO E O AUTOCUIDADO NÃO SÃO SUFICIENTES PARA GARANTIR NOSSA SAÚDE MENTAL E NOSSA FELICIDADE.

O INEGOCIÁVEL.

Até aqui, falamos da importância das necessidades na solução dos desencontros com o outro, e pode ser que você tenha compreendido que nomear as suas necessidades é essencial apenas para dirimir o conflito. Mas, muito além disso, a conexão com o que importa para você tem o poder de te ajudar a entender algo profundo e que influi diretamente em sua felicidade: o inegociável.

Qual o mínimo que uma relação precisa ter para que você a considere saudável? Que limites não podem ser ultrapassados em seu trabalho? E no casamento? E em suas amizades? Quais necessidades precisam ser cuidadas para que você decida que ainda vale permanecer em uma relação? Como você percebe que os acordos precisam ser repensados e refeitos? E o que leva em consideração em sua avaliação? Você consegue responder a essas questões?

Limites são bordas que protegem o que importa para nós. São proteções que colocamos ao redor do que é especial e dizemos: "Ei, daqui você não passa." Ou: "Calma aí, você precisa conquistar a confiança necessária para pisar esse chão!" São cuidado, por mais que tenhamos associado limites a rejeição. Ao nomear suas necessidades, você descobre onde colocar as placas de *proibido*, *atenção* e *siga em frente*. Consegue criar outras placas e decidir onde instalá-las. Pode trocar de lugar as que já existem e aposentar as que não fazem sentido.

Quando não escutamos nossos sentimentos e necessidades, nos perdemos de nós mesmos. Não fomos ensinados a cuidar do que importa para nós. Fomos ensinados a obedecer, a nos adequar, a fazer o que deve ser feito. No entanto, o que deve ser feito nem sempre é o que faz sentido, o que nos toca e nos move. Nem sempre o que o bom pai, a boa mãe, a boa esposa e a boa amiga fariam é o que atende às nossas necessidades. A escolha de como agir diante do que precisamos é única, individual e deve considerar o que precisamos, ou sentiremos frustração com as consequências de nossas ações.

Alinhar nossas ações ao cuidado do que importa não é uma garantia de felicidade.

Não é egoísmo. É responsabilidade. Há um preço quando nos descuidamos de nós para cuidar do outro: ressentimento, raiva, tristeza, adoecimento físico e emocional. Claro que, volta e meia, cederemos, faremos o que não queremos porque é importante para a relação, para a construção de uma vida com significado. Em alguns momentos precisamos estabelecer a prioridade entre as nossas necessidades, entendendo qual delas pede mais atenção e cuidado. E é justamente nesses momentos em que é preciso ceder, negociar, ajustar o passo, que a consciência do que é inegociável nos guia para soluções respeitosas com o outro e conosco. Negocie estratégias, o *como*. E não se desconecte do *que*.

Inicialmente, a investigação de nossas necessidades, de quais são prioritárias e quais podem ter sua satisfação adiada, nos demandará tempo e energia. É um caminho estranho, desconhecido, quase nunca o trilhamos. À medida que praticamos, o acessaremos com maior fluidez. Nos escutaremos com menos estranhamento. Por vezes, uma situação ou outra, de maior intensidade emocional, pedirá reflexões mais demoradas, auxílio externo, ombro amigo e trocas terapêuticas para analisar o que realmente precisamos. Nossa intensa complexidade se apresentará em diversos momentos. Não tenha medo de chamar seus sentimentos e necessidades para conversar. Se o medo aparecer, convide-o para a roda também. Se você não fizer isso, quem fará?

COMO COMUNICAR a minha NECESSIDADE?

(qual o melhor jeito de pedir?)

NO INÍCIO DA NOSSA CONVERSA, COMPARTILHEI QUE ESTAMOS SEMPRE DIZENDO "POR FAVOR" OU "OBRIGADA".

Pedimos com as nossas palavras e os nossos silêncios, com o grito e com a cara feia, com o abraço e com o sacudir dos ombros. Entender o que realmente queremos pedir é um exercício longo e, de certa forma, avesso ao nosso caminhar habitual.

Perguntar a nós mesmos *O que está acontecendo?*, *Como me sinto?* e *O que é importante para mim?* nos auxilia nesse caminho de autodescoberta. E tão essencial quanto encontrar as respostas para essas perguntas é saber comunicá-las ao outro. Muito além de cuidar do tom de voz ou das palavras que nos aproximam ou distanciam de nossos interlocutores e interlocutoras, precisamos lembrar que, ao fazer um pedido, traduzimos nosso mundo interior para um estrangeiro, alguém que não vive em nós e, por isso, não sabe exatamente como estamos nos sentindo, o que queremos e por que queremos. A comunicação efetiva se estabelece na troca, no encontro. Nada é óbvio, nada é evidente.

Em 2022 fui convidada para um curso na Harvard University, em Massachusetts, nos Estados Unidos. Meu inglês se restringia ao básico, e eu entrei em desespero. A comunicação é algo extremamente importante para mim – como eu compreenderia e seria compreendida com uma limitação tão grande em meu vocabulário? Cada troca que estabeleci, desde a solicitação de uma garrafa de água a uma dúvida mais complexa, me exigia uma atenção que eu nunca havia experimentado antes. Eu partia, sempre, da certeza de que as pessoas não me compreendiam na minha maneira habitual de falar, logo, eu precisava escolher as palavras com cuidado para que pudesse explicar ao outro e ser entendida. Palavras, gestos, sons, eu colocava todos os meus recursos à disposição da conversa. Partir do princípio de que nada estava dado na minha comunicação, que não exista um óbvio, me levou a perceber a conversa de um jeito único.

O que muda na sua maneira de pedir quando você se recorda que o outro é um outro? Que não experiencia a vida como você? O estranhamento é o ponto de partida dos nossos encontros. É a certeza que temos. Somos estranhos, incomuns. Mudamos todos os dias e, por isso, até o nosso normal é inconstante e mutável. Se mal nos conhecemos, por que temos a ilusão de que conhecemos o outro ou que ele ou ela deveria saber, sem que falemos, o que queremos e precisamos? Estamos no quinto capítulo deste livro, passamos mais da metade dele buscando decifrar o que há por trás dos nossos gestos e falas. Se é tão difícil para nós, que estamos aqui dentro, como podemos acreditar que será simples para forasteiros e forasteiras?

IMPORTANTE: Isso não quer dizer que você vai desrespeitar os seus limites e ter a mesma conversa, infinitas vezes, enquanto o outro demonstra desinteresse em aprender sobre o seu mundo. Ninguém ama por dois, ninguém precisa carregar, sozinho ou sozinha, a responsabilidade pela relação. Ser estrangeiro não significa estar deliberadamente alheio ao outro. Não utilize os parágrafos anteriores como justificativa para permanecer em relações que te violentam e invisibilizam.

O QUE MUDA NA SUA MANEIRA DE PEDIR QUANDO VOCÊ SE RECORDA QUE O OUTRO É UM OUTRO?

DIZER O QUE VOCÊ NÃO QUER NÃO DEIXA CLARO O QUE VOCÊ QUER.

Pense comigo na seguinte situação: uma nova padaria abriu próximo à sua casa e um vizinho te contou que eles preparam o melhor pão na chapa da região. Você decide experimentar o pão, acompanhado de um café coado. Ao chegar na padaria, em vez de fazer o seu pedido de maneira habitual, você prefere dizer assim: "Olá! Eu não quero bolo, nem ovo frito, nem misto-quente. Também não quero suco, ou iogurte, ou chocolate." O que você acha que irá acontecer? Acredita que irá receber o pedido como deseja? A pessoa que está te atendendo conseguirá adivinhar o seu desejo?

Eu sei que o exemplo parece absurdo, mas, infelizmente, agimos exatamente assim, e com bastante frequência. Falamos que não concordamos com a gestão da nova coordenadora, mas não sabemos dizer como queremos que ela haja. Dizemos que não queremos almoçar no restaurante japonês, mas não sugerimos absolutamente nada. Informamos às crianças que elas não devem correr no ambiente e não damos a elas qualquer pista do que esperamos que façam. Achamos que nossa parte é apenas falar o que nos incomoda, sem, contudo, esclarecer o que desejamos.

Nós acreditamos que o outro tem dons adivinhatórios. Aprendemos que saber o que queremos, sem que usemos as palavras, é uma atitude de amor, respeito, consideração. E quando as pessoas que nos cercam não compreendem o que desejamos e não atendem o nosso querer, interpretamos como rejeição, desamor. Não precisar utilizar as palavras é um sinal da mais pura conexão.

Pois bem, sinto muito desfazer suas ilusões: você precisa falar. E falar o que quer. O jogo de adivinhação demanda um tempo enorme, e nós normalmente não o temos. Também demanda uma disposição que não possuímos. Você sabe disso. Quem convive com você também não aprendeu a falar o que quer, então insinua, dissimula, dá pistas — e você, já tão cheio ou cheia das próprias preocupações, precisa encontrar espaço interno para esse jogo que não decidiu jogar. Você sabe quanto é exaustivo.

Peça o pão na chapa. Peça companhia. Peça colo. Peça ações. Diga o que quer e como quer. E quando não souber o que deseja, assuma a responsabilidade por essa busca. Peça que as pessoas que te cercam sejam mais claras em seus anseios também. A clareza nos limites facilita a fluidez na relação.

O ÓBVIO NÃO EXISTE.

Quando me casei, descobri que a expressão *lavar a louça* não é tão óbvia quanto parece. Na realidade, cresci no interior da Bahia e, naquele ambiente, não falávamos *lavar a louça*, mas *lavar os pratos*. Para mim, *lavar os pratos* significava lavar pratos, talheres, copos, panelas e tudo o que estivesse na pia. Além disso, a pia só estaria realmente limpa se o fogão também estivesse. Ou seja, *lavar os pratos* englobava um conjunto de ações muito maior que a simples higienização da louça.

Sempre que meu marido era o responsável pela limpeza da pia, eu me irritava. Olhar o fogão com pequenas gotinhas de gordura e restos de comida era quase uma afronta. Como ele não percebia que *lavar os pratos* na verdade significava tudo o que eu achava que significava? Foram necessárias algumas conversas para que estabelecêssemos o que significava *lavar os pratos* para ambos e o que estávamos dispostos a negociar em nossas percepções.

Em nosso cotidiano, usamos palavras e expressões acreditando que a maneira como as percebemos é a realidade. Acontece que cada uma dessas palavras ganhou, em nossa história de vida, cores, cheiros e significados diferentes. O mesmo ocorre com o outro. Como você se sente respeitado ou respeitada? Que ações uma pessoa precisa adotar para demonstrar que te respeita? Você conseguiria dizer?

"Eu quero que você me escute mais!" não deixa claro o que é *escuta* para você. *Escutar* é agir como você deseja que o outro haja?

É parar o que está fazendo e olhar em seus olhos enquanto fala?

"Eu desejo reconhecimento da empresa!" Como a empresa pode te reconhecer? Um aumento? Uma promoção? Um quadro informando sua importância na corporação? Designar você como responsável pelo treinamento de novos funcionários no seu setor? O que é *reconhecimento* para você?

Percebe que aqui estamos falando de *estratégias*? Depois de entender a sua necessidade, *o que* você precisa, é importante pensar no *como*. Diferenciar *estratégia* e *necessidade* não significa que vamos abandonar nossas estratégias, mas que vamos reconhecê-las como *ferramentas*. A diferenciação entre ambas nos permite entender que existem muitas possibilidades de ações que cuidam do que importa para nós. Com o passar do tempo, aprendemos quais são as melhores estratégias, quais não são, quais delas queremos manter em nossa vida e quais pedirão esforço em sua substituição.

Se, para se sentir amado ou amada, você precisa que a pessoa adivinhe o que deseja e sempre atenda ao que quer, você está fadado ou fadada à frustração. Se, para se sentir respeitado ou respeitada, precisa da constante concordância alheia, sua necessidade certamente não será atendida. Observar o nosso *como* nos permite ampliar o repertório e facilita a vida de quem convive conosco. Há um ditado popular que diz: "Para quem só tem martelo, todo objeto vira prego." Ampliar suas estratégias te possibilita escolher o momento de usar a chave de fenda, a chave de boca, a chave allen ou o alicate. Diversifica suas possibilidades e amplia os caminhos para o encontro com o outro.

ALGUNS EXEMPLOS:

"Eu preciso que você me escute!" ⇝ "Quando falo, considero muito importante saber que fui escutada. Você poderia confirmar que me escutou? Basta dizer que já ouviu."

"Sinto tantas saudades de você! Precisamos nos ver mais!" ⤳ "Sinto saudades de você! O que acha de marcarmos um encontro por mês? A última sexta-feira parece uma boa ideia para mim. Como te parece?"

"Eu gostaria que esse projeto fosse mais bem acompanhado pela empresa!" ⤳ "Considero esse projeto tão importante! O que acham de realizarmos reuniões de balanço bimestrais para ajustarmos o que for necessário?"

"Você deveria me ajudar a decidir o que fazer diante deste problema!" ⤳ "Estou confusa e angustiada. Você consegue me ouvir e me ajudar a decidir o que fazer? Quero escutar sua opinião."

Consegue notar a diferença de quando pedimos acreditando que o outro sabe exatamente o que estamos pedindo e dos momentos em que assumimos as possibilidades de desencontro em nossas conversas e decidimos atuar, ativamente, para reduzi--las? Quando digo para alguém que "Precisamos nos ver mais", estou supondo que

temos a mesma disponibilidade e percepção de tempo, mas não temos. Talvez uma
vez ao mês seja a frequência ideal para mim,
mas assídua demais ou distante demais para
você. Não há como ter certeza da sua percepção sem que conversemos sobre ela.

É IMPORTANTE
DIFERENCIAR
ESTRATÉGIA E
NECESSIDADE.

VOCÊ NÃO É UM ALECRIM DOURADO. NÃO SE ESQUEÇA DISSO.

Você sente raiva, inveja, vontade de punir o outro. Você provavelmente já torceu para que o outro quebrasse a cara apenas para provar que você tinha razão. Também já fingiu que queria conversar quando, na realidade, desejava apenas que concordassem com você e com suas excelentes ideias. Você já teve absoluta certeza de que era o lado sensato e maduro da conversa e, por isso, qualquer discussão era desnecessária. Você já adotou posturas completamente fora do que julga correto ou belo, e esse é um efeito colateral da sua humanidade.

Erramos, falhamos miseravelmente. Somos muito complexos e agimos com mesquinhez, rabugice, impaciência, desrespeito ao tempo do outro. E por que estamos falando disso agora, no capítulo sobre comunicar as nossas necessidades? Porque é essencial estarmos atentos e atentas ao que pedimos, se é realmente o que desejamos ou o que achávamos que deveríamos desejar. Negamos as nossas características mais difíceis e as despejamos na conta do outro. É ele que não sabe ouvir, é ela que sabe falar o que deseja. Você está sempre fazendo a sua parte e sendo justo ou justa, coerente e maravilhoso ou maravilhosa (contém ironia).

A atenção ao que sentimos e desejamos deve estar presente em nossas conversas. A atenção real, que nos permite ver além das figuras que criamos para sermos amados ou amadas. Que nos possibilita assistir às nossas piores estratégias sendo colocadas na mesa. Que nos dá condição de perceber que estamos pedindo da pior maneira possível. Que pode nos ajudar a recalcular a rota, dar um tempo para respirar, recomeçar. A atenção que nos permite diferenciar entre pedido e exigência. Assim como *fato* e *opinião*, *necessidade* e *estratégia*, *pedido* e *exigência* andam juntos e costumam se confundir, mas não são a mesma coisa. Os pedidos aceitam um não como resposta; já as exigências...

Pode ser que até aqui, escutando sobre as suas necessidades e a importância de cuidar delas, você tenha compreendido, erroneamente, que as pessoas vão atender aos seus pedidos apenas porque foram formulados de maneira fofa. Vão te atender porque você merece um prêmio pelo esforço de fazer uma autoinvestigação tão minuciosa. Mas não. Assim como você tem o dever de cuidar das suas necessidades, o outro também tem o dever de cuidar das próprias necessidades. Assim como você é o único ou única representante do seu sonho na face da Terra, o outro também é o único representante do próprio sonho na face da Terra! Olha que coincidência! E essa causalidade do destino pode fazer com que, ao cuidar dos próprios desejos, o outro diga para você aquela pequena palavra que, desde muito pequenos e pequenas, odiamos ouvir: "Não!"

Quando dizemos *não* para alguém, certamente estamos dizendo *sim* para alguma necessidade que será descuidada se ultrapassarmos os nossos limites. Uma relação em que o *não* é uma palavra proibida é uma relação que custa um preço muito alto para os envolvidos. É claro que nem sempre é possível negociar um pedido – mas então tenha em mente que não é apenas um pedido.

E que a forma como vai expressá-lo não muda sua natureza de exigência.

Não damos à criança o direito de decidir se ela vai ou não utilizar o cinto de segurança ao entrar no carro. Seu uso é inegociável. Cientes de que não estamos fazendo um mero pedido, comunicamos à criança o que é necessário que seja feito. Podemos escolher maneiras de ajudá-la a cumprir o combinado, mas não vamos negociar. "Filha, está na hora de colocar o cinto. Quer escolher um boneco para ficar no carro com você?"

Se você está em uma reunião, deseja que seu companheiro ou companheira pegue as crianças na escola e não aceita um *não* como resposta, não finja que está fazendo um mero pedido. Seja honesto ou honesta com você e com o outro. É mais honesto dizer "Minha reunião vai demorar a acabar. Cuida da saída das crianças da escola, ok?" do que "Você pode buscar as crianças na escola? Por favor?". Porque, se o *não* como resposta está fora de cogitação, não importa quantas vezes você disse "por favor": você fez uma exigência.

Se um limite é inegociável, podemos pensar em como respeitá-lo de modo a também respeitar o outro. Podemos conversar sobre ele, acolhendo os sentimentos dos envolvidos. Mas não podemos fingir que estamos negociando quando não estamos abertos para isso.

Como você lida com o *não*? Quantas exigências disfarçadas de pedidos você faz no dia a dia? Tudo se tornou inegociável? Que preço as relações pagam ao se tornarem um jogo de exigências e chantagens? Quanto mais doloridas estão as nossas experiências, quanto mais doamos sem termos uma contraprestação pelo esforço, tempo e energia dedicados, mais insuportável se torna negociar, entender e compreender o outro. Talvez as exigências diárias estejam te mostrando que precisa rever a maneira de se relacionar com as pessoas, redefinir limites e prioridades. Talvez alguns pedidos estejam gritando tão profundamente e há tanto tempo que, quando finalmente você decide comunicá-los, eles saem em forma de grito/exigência. O que as suas exigências te contam sobre você?

como praticar a ESCUTA ATIVA

(o que ele ou ela quer me dizer?)

ATÉ AQUI FALAMOS DE *AUTOESCUTA*.

Como ouvir o que você está sentindo, como perceber o que importa para você, como explorar esse mundo de infinitas possibilidades que é o seu interior. A partir de agora, vamos traçar uma rota ainda mais complexa, intensa e surpreendente: *a escuta do outro*. Uma rota que nos convida a abrir mão das nossas certezas e descobrir quem o outro é, para além das nossas projeções. Escutar é muito, muito difícil. Conter o conselho que borbulha na garganta pede um esforço imenso. Respirar fundo e resistir à tentação de mostrar quanto o outro está errado em seu modo de ver a situação, também. Para além de toda essa energia e disposição necessárias, escutar é um ato que a maioria de nós não tem referência de como executar.

Qual foi a última vez que você se sentiu visto ou vista? Qual foi a última vez que, em uma conversa, você percebeu que a pessoa ao seu lado conseguiu entender como você percebia a situação e o que era importante para você?

Nos primeiros capítulos, pedi que você trouxesse à mente um conflito importante que vivenciou recentemente. Você ainda se lembra dele, certo? Ao rever a situação, você acha que foi entendido ou entendida? Que você e seu interlocutor ou interlocutora entraram em um estado de conexão verdadeiro? Que perceberam que a relação de vocês era maior que o conflito? Vocês conseguiram *olhar juntos* para o problema ou ficaram discutindo *quem era* o problema?

Como escreveu o poeta Rumi: "Para além das ideias de certo e errado existe um campo. Eu me encontrarei com você lá."

E, voltando ao seu conflito: em algum momento você conseguiu ir além do certo e do errado?

CERTO X ERRADO ("É CILADA, BINO!")

Calma. Respira. Não estou pedindo que você abra mão das suas crenças pessoais, dos seus valores e limites para se encontrar com o outro. Você não precisa abrir mão do que acha certo para escutar alguém e construir uma solução saudável e funcional a partir de um conflito. Mas precisa cessar a busca por quem está certo na conversa. Enquanto estiver apegado ou apegada às suas certezas sobre você e sobre o outro, a conexão entre vocês estará prejudicada. A certeza e a curiosidade não convivem bem e, sem curiosidade, dificilmente vocês construirão algo novo, que atenderá às necessidades de todos os envolvidos.

Nós partimos para as nossas conversas cheios de certezas. Temos muita razão para nos sentir como nos sentimos, para desejar o que desejamos. E, assim como temos certezas sobre o que desejamos — mesmo que, no final das contas, estejamos completamente perdidos —, também temos muitas certezas sobre o que o outro sente e deseja. E isso atrapalha tudo.

VAMOS A UM EXEMPLO:

➤ Maria e João compraram juntos um apartamento de um quarto no início do casamento. Alguns anos depois, conseguiram quitar as prestações. Um mês depois, João trouxe à baila a intenção de comprar outro imóvel, maior. O plano já estava traçado: venderiam o apartamento, dariam o valor da venda como entrada para o novo, cuja parcela seria bem semelhante à que já pagavam. Maria não reagiu como João esperava e foi irredutível em sua decisão: não venderiam o imóvel.

AS CERTEZAS DE MARIA:

Sobre a situação

➤➤ Eles acabaram de quitar uma casa, seria irresponsável assumir uma nova dívida.

Sobre ela

➤➤ Maria tinha de ser a parte responsável do casamento. Tinha também a convicção de que era a sua sensatez que cuidava dela e do marido. E ela estava certa, claro.

Sobre João

➤➤ Ele era impulsivo e não considerava todas as variáveis de uma decisão daquela proporção. Ela precisava mostrar ao marido quanto aquela era uma decisão ruim.

AS CERTEZAS DE JOÃO:

Sobre a situação

>> A nova prestação era um valor que já estavam acostumados a arcar mensalmente. Ele sabia que cabia no orçamento, sem grandes esforços. Eles precisavam de um apartamento maior e mais confortável. E se tivessem um filho? E um cachorro? Adquirir um novo apartamento era uma decisão cercada de inegáveis vantagens.

Sobre ele

>> Era corajoso e responsável. Estava pensando na família, e comprar o novo imóvel era um gesto de coragem que cuidava do futuro de ambos. E ele estava certo, claro.

Sobre Maria

>> Era excessivamente cautelosa, quase medrosa. Ele precisava mostrar para ela o quanto a nova compra era a decisão mais sensata a ser tomada.

Eles decidem conversar, pela milésima vez, sobre o assunto. Os dois têm argumentos prontos e a missão de fazer o outro mudar de ideia. O que você acha que vai acontecer nessa conversa?

Consegue perceber que, para cada um deles, os próprios argumentos e certezas fazem muito sentido? Temos histórias que validam e justificam cada um dos nossos atos e gestos. O outro também.

Ir além do certo e errado é se dispor a ouvir as histórias e os motivos de quem está se aventurando a construir uma saída conosco. É deixar nossas certezas de lado, por alguns minutos, e substituí-las por perguntas. Como essa pessoa está vendo/percebendo essa situação? O que sente diante do que vê e percebe? O que é importante para ela? O que está me pedindo com seus gestos, falas e silêncios?

Percebe que em nenhum momento eu usei a palavra *concordar*? *Escutar* não é *concordar*. É abrir espaço para ouvir o outro. Um ponto de vista é a vista de um ponto. Que vista se vê ao visitar o ponto do outro? O que Maria enxerga da vista do João? O que João pode perceber ao se aproximar da vista da Maria?

Por vezes, queremos resolver um conflito focando no resultado quando, na verdade, precisamos observar o começo, o início de tudo: a maneira como cada um percebe a situação. Já sabemos que não vivemos a realidade, mas sim as histórias que contamos sobre ela. A escuta começa com a curiosidade. Quais histórias essa pessoa está contando sobre a situação?

IMPORTANTE: Quando falo de *histórias*, não utilizo a palavra em um tom desrespeitoso ou irônico. Se encaro as histórias que o outro conta como mera fantasia, me perco em minhas próprias histórias e em meus julgamentos. As histórias do outro são tão importantes e válidas quanto as suas.

AS ORELHAS DE GIRAFA.

A girafa é o animal que representa a comunicação não violenta, por dois principais motivos: é o mamífero terrestre com o maior coração e, por ter um grande pescoço, vê as situações com uma perspectiva ampla. Marshall Rosenberg afirmava que, quando colocamos as orelhas de girafa, não escutamos ofensas e julgamentos, mas apenas sentimentos e necessidades que, por vezes, são expressos de um jeito trágico.

Confesso, não cheguei nesse estágio da escuta. Ainda levo a fala alheia para o lado pessoal, me irrito e me perco em meus julgamentos. Mas quando me lembro que o outro é um universo que não gira ao meu redor, algo mágico acontece: eu me interesso. Saio dos meus julgamentos e consigo, verdadeiramente, me dispor para o outro.

Imagine que você encontra uma pessoa querida e ela está angustiada porque perdeu a chave de casa. Ela vira e revira a mochila que carrega nas costas, a agonia só aumenta. Os objetos se misturam, tudo vira uma bagunça. Você pode ser a pessoa que diz: "Calma, respira, uma hora você acha." Pode adotar a postura de um conselheiro cheio de certezas e dar uma aula sobre os melhores lugares onde guardar chaves. Pode, também, falar que liga para o chaveiro e resolve isso. Você pode dizer: "É só uma chave, não há motivo para tamanho exagero." E você pode respirar fundo, abrir espaço em sua mesa, que também está cheia de coisas, e falar: "Abre a mochila, coloca tudo aqui, eu te ajudo a procurar."

Escutar é abrir espaço. É colocar suas coisas em um lado da mesa e permitir que o outro te mostre as dele. Sem dar conselhos que não foram solicitados, sem se perder em julgamentos sobre o que seria ou não importante. Sem achar que pode determinar como o outro deveria se sentir, ou se organizar, ou se portar.

Às vezes a mochila do outro está tão cheia que, sozinho, ele não consegue encontrar o que precisa. Veja bem, há uma armadilha aqui. Quando abro espaço em minha mesa para olharmos juntos sua mochila, é você quem sabe o que está procurando, não eu. É tentador tomar a frente e achar que sabemos o que o outro quer. É fácil cair na armadilha de pensar que temos o poder de elencar as prioridades do outro, que podemos julgar os objetos que ele deveria ou não carregar em sua mochila. Não podemos. Escutar é, também, sair do protagonismo da cena. Não é sobre você.

ESCUTAR É
ABRIR ESPAÇO.

ALGUMAS SUGESTÕES PARA UMA ESCUTA ATIVA:

Parafraseie sempre que possível

Parafrasear é repetir uma afirmação, mas com suas próprias palavras. O que isso significa? Que, em vez de justificar, aconselhar, encerrar o assunto ou ensinar aquela meditação mágica que você costuma praticar, você irá prestar atenção ao que o outro diz e repetir com suas palavras, da maneira que você entendeu.

Pratique o chute empático

Na comunicação não violenta, a paráfrase é mais ampla: além de repetir o que escutamos, também inserimos o que não foi dito – os sentimentos e as necessidades. Acontece que o que não foi dito não é uma certeza, mas uma suposição que quem escuta faz. Nos empenhamos em visitar o ponto em que a pessoa está e tentamos descrever a vista a partir dali.

Faça a checagem

Confirme se a sua compreensão está na direção correta. Você pode imaginar que a pessoa está triste, mas ela está apreensiva; que está chateada, mas ela está magoada. Pode imaginar que a necessidade é de compreensão, mas a necessidade real é de segurança. Você só saberá se encontrou a chave se perguntar: "É essa a chave que você está procurando?" Então cheque: "Acho que você ficou apreensiva com as notícias que recebeu, não é?" Ou: "Imagino que tenha ficado enfurecida com o comportamento dele. É isso?" Você pode estar errado ou errada e ouvir: "Não estou apreensiva, estou preocupada." Ou "Não me enfureci, fiquei muito triste."

Não há problema nenhum em errar. Não era a chave certa? Seguiremos procurando!

EXEMPLO:

Um novo programa de cadastro de clientes foi implementado pela empresa onde você trabalha e seu colega demonstra o descontentamento com a novidade. Vejamos como praticar uma escuta ativa:

"Odiei o novo programa de cadastro de clientes!" ↠ "Percebi que o programa novo está te incomodando bastante [paráfrase]. O tempo que você leva para aprender a usá-lo atrapalha a rotina e você acredita que o outro funcionava bem [chute empático]. Estou conseguindo te entender [checagem]?"

Você não precisa falar exatamente assim, existe o seu jeito de dizer, as expressões que mais combinam com sua linguagem habitual. A teoria é ajustada à nossa rotina, aos nossos hábitos, à nossa história. O ponto mais importante aqui não é a palavra que você vai usar, mas o caminho que será trilhado durante a escuta. A comunicação não violenta não é um conjunto de regras que engessa a sua fala, mas justamente o oposto: é um antimanual para nos libertarmos e nos conectarmos verdadeiramente.

Lembra da curiosidade? Ela é a nossa lanterna. Um desejo genuíno de entendimento.

Substituímos os conselhos e demais empecilhos à empatia pela investigação do que está sendo visto, de quais sentimentos esses pensamentos despertam e do que é importante para quem diz. Não colocamos nossos julgamentos na equação. Abrimos espaço na mesa, lembra? Misturar seus objetos com os que estavam na mochila vai atrapalhar bastante a busca.

ME AJUDA A ENTENDER?

Escutar alguém que pede colo ou que precisa desabafar é um desafio, uma vez que precisamos conter nossos ímpetos de tentar resolver o problema de quem nos procura. Não aprendemos que a escuta é uma ação, então nos empenhamos em buscar a solução do problema ou, caso não haja solução possível, em fazer com que seja visto de outra maneira.

Nossa intenção é reduzir o sofrimento. Mas há uma escuta ainda mais difícil que essa: a escuta do que importa para o outro enquanto também cuidamos do que importa para nós. A escuta que se mostra necessária em meio a um conflito. A escuta que precisa brotar na divergência, na situação em que nossa mesa está tão cheia quanto a mochila de quem conversa conosco.

A dor atrapalha a empatia. Não nos permite abrir espaço, nos faz acreditar que não há nada a ser visto a partir do ponto de vista do outro. Estamos tão empenhados em cuidar do que importa para nós que nos apegamos às nossas piores estratégias para conseguir o que queremos. Distorcemos cada palavra dita apenas para confirmar as histórias que criamos em nossa cabeça. Nos afastamos das possibilidades de entendimento e mergulhamos na espiral do conflito. Estamos sobrecarregados e sobrecarregadas com nossas emoções e não conseguimos separar nossos objetos e os do outro.

Nesses momentos em que nossas emoções nos impedem de trilhar o caminho em direção ao outro, podemos pedir ajuda nessa missão. "Me ajuda a entender?" é uma das expressões que mais utilizo em minha vida. Quando percebo que estou confusa ou muito tomada em meus julgamentos, quando as emoções do outro são uma grande e robusta interrogação para mim, assumo o meu não saber e o convido para a conversa: "Me ajuda a entender por que esse jantar é tão importante para você?" Ou então: "Filho, estou vendo que você está mais ríspido comigo e eu não consigo saber o motivo. O que você sente é importante para mim. Me

ajuda a entender o que está acontecendo?"
E também: "Percebo que você considera
muito importante que façamos reuniões se-
manais e eu não consegui me conectar com
a razão. Você pode me ajudar a entender os
seus motivos?"

Visitar o ponto de vista do outro é, por
vezes, um desafio que vai além das nossas
capacidades. Por vezes precisamos de ajuda
para abrir espaço em nossa mesa. Quando
não souber o que move o outro e não hou-
ver nenhum indício que auxilie em um chute
empático, deixe clara sua intenção de tentar.
Seu desejo real de ir além da sua maneira de
ver. Pode ser que, após uma boa conversa,
vocês concordem em seus objetivos. Pode
ser que discordem cordialmente. A concordância não é o foco da escuta. Ah, também
há sempre possibilidade de não existir intenção de se conectar, de que você precise
defender a permanência de cada objeto seu
em sua mesa. Falaremos dessas situações
no capítulo a seguir.

DÁ PARA prever O FINAL de uma CONVERSA?

(e quando não dá certo?)

NA MAIOR PARTE DO TEMPO, TEMOS BOAS INTENÇÕES EM NOSSAS CONVERSAS.

Queremos que todos fiquem bem, que as melhores soluções sejam encontradas. Nos confundimos nessa busca, disputamos sobre quem tem a melhor solução, mas costumeiramente o fazemos sem a intenção de machucar ou ferir alguém. Como dito antes, estamos sempre buscando atender às nossas necessidades, mesmo que, por vezes, o façamos adotando péssimas estratégias.

Se você leu este livro até aqui é porque acredita na conversa e em todo o seu potencial. Além disso, provavelmente, quer desenvolver estratégias que fortaleçam as suas conexões e auxiliem na busca por soluções funcionais para os conflitos que surgem em suas relações. Sinto informar, mas nem sempre as coisas acontecerão como você espera. Pode ser que o entendimento nunca aconteça, que aquele conflito que você tanto deseja solucionar siga sem desfecho ou com um resultado oposto ao que espera. Continuaremos com situações mal resolvidas em nossa história, mesmo que sigamos os melhores manuais do mundo. A complexidade da vida se impõe, volta e meia.

Este é o nosso último capítulo. Aqui nos dedicaremos a analisar as situações em que nenhuma das dicas anteriores te ajuda a fortalecer o encontro com o outro. Em quase todos os treinamentos e palestras sobre comunicação não violenta que facilitei, alguém me perguntou o que fazer quando simplesmente nada dá certo. Quando nenhuma das nossas tentativas de ouvir com o coração ou de falar com assertividade e empatia abre caminhos para diálogos verdadeiros, o que podemos fazer?

Antes de buscarmos a resposta para essa pergunta, precisamos analisar o que é dar certo. O que consideramos que é uma conversa que deu certo? Um final em que

todos concordam e se abraçam amorosa-
mente? Uma conversa em que, mesmo que
discordemos, sejamos capazes de conversar e manter o tom gentil e empático? Uma
conclusão sem dor, sem sofrimento, sem
angústia? Quais expectativas nutrimos ao
nos dispormos ao encontro com o outro?

Por vezes, a conversa que *dá certo* nos
faz chorar em posição fetal, porque nos
apresenta o fim, quando tudo que queríamos era uma continuidade. Talvez, o desfecho após a troca genuína e verdadeira dos
sentimentos, desejos e necessidades de
cada um dos envolvidos seja de que o que
cuida melhor da relação é o afastamento, e
não a convivência. A conversa honesta nos
faz escutar mais do que queríamos. Pode
desfazer nossas ilusões sobre nós, sobre o
outro, sobre o que somos juntos. O final feliz, pelo menos a curto prazo, pode ser algo
impossível se realmente escutarmos o que
vive em nós.

A longo prazo, escutar os sentimentos e
as necessidades dos envolvidos é a melhor
opção, a que não deixa contas em aberto e
ressentimentos se multiplicando. Mas não

vivemos em um musical. Chegar a esse lugar leva tempo e, por vezes, causa rupturas doloridas. Já somos grandinhos e grandinhas o suficiente para saber que Papai Noel e Coelhinho da Páscoa não existem; finais novelescos também não. O final é a morte e, até lá, as situações seguirão ganhando novos significados, reverberando em nossas experiências. Cada término e cada início, cada dor e cada alegria vão nos formando e reformando diariamente. Como afirmar o que deu certo quando não sabemos seus desdobramentos no amanhã?

UMA CONVERSA
HONESTA PODE
DESFAZER
NOSSAS ILUSÕES
SOBRE NÓS,
SOBRE O OUTRO
E SOBRE O QUE
SOMOS JUNTOS.

SUA MESA CHEIA.

No capítulo anterior, comparamos a escuta com o ato de abrir espaço na mesa para ajudar o outro a encontrar uma chave perdida em uma mochila cheia. Afastamos um pouco os nossos objetos e deixamos parte da mesa livre para que a mochila seja esvaziada. No entanto, nem sempre temos disponibilidade de abrir esse espaço. Por vezes, o outro nos pede, tantas e tantas vezes, que abramos espaço para suas questões que quase não encontramos lugar para as nossas.

A empatia pede uma energia que, volta e meia, não temos disponível. Não há quem consiga estar com abertura para o outro todo o tempo. Como ajudaremos a buscar pela chave do outro quando nós mesmos estamos em busca da nossa? É justo que encerremos, costumeiramente, as nossas buscas para auxiliarmos o outro? Quais limites temos em nossa escuta nas relações?

Adotar uma postura não violenta não significa abrir mão do que acreditamos e sentimos, não é sinônimo de passividade e de entrega infinitos. É justamente o contrário. À medida que mergulhamos em nossos desejos e anseios, que nos encontramos com as nossas necessidades, nos tornamos responsáveis por cuidar delas. Nos tornamos protetores dos nossos limites, inclusive dos nossos limites para a escuta.

Vamos agora discutir algumas situações em que a escuta nos demanda uma preciosa energia e precisamos decidir se temos disposição para investi-la na relação.

Relações abusivas

Todos temos razões para agir como agimos, já dissemos isso antes. Todo ato e gesto de cada pessoa que caminha pela superfície da Terra tem uma história que a trouxe onde está, que sustenta suas crenças e pensamentos. Se buscarmos com afinco, conseguiremos ter empatia pela história de qualquer pessoa, por mais torpe e desprezível que a consideremos. Digo isso para afirmar que a história por trás dos gestos abusivos e violentos do outro não pode nos impulsionar a permanecer ao lado dele quando isso nos custa nossa tranquilidade e felicidade. Terapeutas e demais profissionais devidamente treinados para a escuta e o cuidado com a psique podem auxiliar o abusador em sua busca pelo entendimento das próprias necessidades; a vítima, não. A vítima precisa de apoio, suporte e cuidado.

Acreditar que podemos salvar o mundo com empatia e amor pode nos colocar em situações de perigo. A empatia não pode nos diluir a ponto de nos misturarmos ao outro. Algumas conversas pedem que falemos, que nos posicionemos. Que defendamos nossa mesa e cada centímetro dela. Não gosto de observar as relações de modo dualista, mas gosto menos ainda que a não violência seja utilizada como mais uma corrente a nos aprisionar em relações que nos violentam diariamente. Em algumas situações, o mais danoso que fazemos conosco é nos apaziguar e adequar. A raiva tem função essencial para nossa sobrevivência; compreendê-la não pode significar silenciá-la.

Em situações violentas, não há o que ponderar, não há o que ouvir. Cuide-se.

Relações sem reciprocidade

Relacionamentos não são um troca comercial em que fornecemos A e, em contrapartida, recebemos B. Não há um cálculo matemático que nos diga quanto deveríamos receber de afeto e atenção por termos cuidado da sogra adoentada. Não existe uma tabela com a pontuação correspondente ao lado de *sair para jantar quando tudo que queremos é um longo encontro com a nossa cama* ou *ser gentil com o esposo mal-educado do seu colega* – e seria bem estranho se existisse. O valor de cada ação depende de variáveis subjetivas dos envolvidos e, exatamente por isso, é diferente para cada pessoa. Acontece que a ausência de uma tabela descritiva de cada ação com o seu valor equivalente não significa que estejamos nas relações completamente desinteressados.

Marshall Rosenberg afirmava que a comunicação não violenta nos conecta com o dar e receber natural da vida. É a troca que faz a vida melhor, mais divertida, mais equilibrada. Quando não há reciprocidade na relação, quando as partes não se ajustam nesse fluir da vida, a relação se descompassa. O que faz com que você continue investindo em uma relação? Quais suportes te ajudam a sustentar a escuta do outro? Quanto você silencia a autoescuta por medo de nomear o que te falta em suas relações? É ilusório acreditar que estamos cuidando da relação quando nos silenciamos e nos doamos desproporcionalmente. Feridos, exaustos e magoados não estaremos inteiros ou realmente dispostos em nenhum encontro.

Momentos difíceis

Existem momentos em que estamos tão sobrecarregados com nossas próprias questões que não há espaço para cuidar da dor do outro. Algumas épocas da vida demandam mais energia, cuidado, tempo. Em situações assim, precisamos selecionar como investir nossas forças, como nos reabastecer para seguirmos.

Brené Brown, escritora norte-americana e pesquisadora da vulnerabilidade, utiliza uma analogia interessante para situações desse tipo: o botão de ir fundo. Ela diz que esse é um botão de uso emergencial, uma escolha consciente de utilizar o pouco que nos resta de disposição em nossos reservatórios emocionais, para cuidar do outro. Podemos fazê-lo, mas não constantemente.

Utilizá-lo com frequência nos exaure e deixa uma cara conta em aberto. É possível reconhecer a dor do outro e, ainda assim, apresentar a nossa impossibilidade de ajudá-lo. "Entendo que esteja precisando de apoio e, em outro momento, eu estaria disponível para te ouvir. Acontece que hoje não tenho condições emocionais de te fornecer o apoio que você precisa e merece."

Assim como alguns momentos diminuem a nossa capacidade de conexão, certos temas nos provocam tamanha dor que fechamos as possibilidades de escuta. Reconhecer nossa limitação nos faz escolher com sabedoria quando apertar o botão de ir fundo.

Percebe que não precisamos escolher entre ter empatia e cuidar do que importa para nós? Podemos enxergar a necessidade do outro e, ainda assim, optar por preservar as nossas.

Quando não há tempo

Escuta pede tempo. Uma boa conciliação é feita com respeito aos processos dos envolvidos. Agita-se a poeira e é necessário deixá-la decantar, assentar.

Apressados e apressadas, atropelamos fases importantes do entendimento. Não acredite que existe escuta a jato. Se não há tempo para o encontro honesto com o outro, assuma sua limitação. Adie a conversa, se possível. Reconheça que as soluções não serão devidamente refletidas. "Estamos com pressa, e a urgência está dificultando a ponderação de todos os fatores. Como lidaremos com isso?"

Quando você simplesmente não quer ouvir

Os motivos podem ser os elencados anteriormente ou podem ser tão únicos e particulares que somente você consegue reconhecer. Fato é que você tem o direito inalienável de não querer escutar, subir muros intransponíveis, trancar portas e jogar as chaves fora. É importante que o faça conscientemente. Que assuma as consequências dessa escolha – sempre há consequências. Não o faça por impulso, apenas.

Talvez essa indisponibilidade se dissolva após algumas sessões de terapia ou boas conversas com quem possa te acolher. Talvez ela apenas se reafirme após a reflexão. Ambas as possibilidades são válidas e importantes.

O QUE FAZ
COM QUE
VOCÊ CONTINUE
INVESTINDO EM
UMA RELAÇÃO?

QUANDO A DOR DO OUTRO IMPEDE A CONEXÃO.

Não escutamos apenas com os ouvidos. Escutamos com a pele que arrepia, com o estômago que queima, com o coração que acelera. Também escutamos com nossas histórias de vida, com o que cada palavra dita reverbera em nós. Escutamos com o que sentimos, com o que esperamos, com o que precisamos. Nada fica absolutamente apartado, não existe escuta neutra. Eventualmente, as palavras ditas mexem com a gente de tal maneira que não conseguimos encontrar espaço para recebê-las. O mesmo fenômeno acontece com quem se relaciona conosco.

Sua mãe também te escuta com pele, estômago, coração, história. Idem para sua chefe, para seu colega, para seu marido ou esposa. Assim como temos o direito à indisponibilidade para a escuta, cada ser que nos cerca também o tem. Não queremos que seja assim. Queremos que se conectem às nossas intenções, que percebam quanto somos dignos do que pedimos. Achamos que os títulos de *chefe*, *marido*, *esposa*, *filho*, *filha* e tantos outros nos garantem privilégios emocionais que ultrapassam as questões individuais de quem nos ouve. Mas não ultrapassam.

Você se lembra da história de João, Maria e a compra do novo apartamento, que citei no capítulo passado? Imagine que Maria continuou irredutível após a conversa com João. Eles são casados há cinco anos, e João acredita que sabe tudo sobre Maria. Nós sempre acreditamos que temos uma visão global e completa sobre todos que conhecemos, mas isso não é verdade.

Mesmo que já tenha ouvido fragmentos sobre a história de vida de Maria, João não a conhece verdadeiramente. João sabe que seus pais não tinham casa própria e que, por muitos anos, ela e a família moraram com a avó. Sabe também que ela sonhava em ter uma casa desde muito nova e que, talvez por isso, a possibilidade de vender o apartamento recentemente conquistado fosse impensável.

João acredita que saber a história de Maria faz com que ele compreenda o que ela sente e o que o imóvel representa. Mas não é bem assim. Apenas Maria sabe o que sentia ao ouvir a mãe chorando após as brigas com a avó; apenas Maria sabe quanto seu coração apertava e quantas vezes prometeu a si mesma que não sofreria a mesma dor que a mãe viveu. Apenas Maria é Maria. Nada que João fizesse poderia dar a ele a real dimensão do que o apartamento significava na história da esposa. Não era apenas um apartamento, não era uma decisão apenas racional. E, assim como Maria, João também tinha as próprias histórias e os próprios significados para a venda do apartamento.

Quando estamos em uma conversa difícil, raramente ela acontece por um único motivo. É uma cebola, com camadas e camadas que se sobrepõem. Não há um único motivo ou sentimento. Não há uma única história. Algumas camadas tornam a conversa mais intensa, a escuta mais pesada. Algumas camadas impedem a conexão. Talvez, em algumas situações, você jamais consiga acessar o outro e suas dores. Talvez suas estratégias não sejam sensíveis ou assertivas o suficiente.

Reconhecer que não sabemos toda a história do outro, por mais detalhes dela que conheçamos, nos ajuda a entender que as limitações dele são maiores e mais complexas do que percebemos. Assumir isso não significa que a culpa pelo desentendimento é do outro e de suas limitações, nem que você é a parte disposta e iluminada da conversa. Significa que as estratégias que ambos têm são insuficientes para que a melhor saída seja encontrada.

Seria maravilhoso se todos com quem conversamos conseguissem expressar as próprias necessidades, em vez de nos rotular. Seria incrível se a comunicação não violenta, ou qualquer outra proposta que auxilie a conexão honesta e verdadeira, fosse amplamente divulgada e compartilhada por toda a sociedade. Mas essa não é a realidade. Sustentar a decisão de manter-se conectado ou conectada com o que sente e precisa, com disponibilidade para a escuta, fala de você, não do outro. Algumas conversas seguirão excessivamente doloridas e pedirão de nós uma quantidade tão elevada de empatia que desistiremos de tentar. Cada Maria e cada João têm a sua história. Não nos esqueçamos disso.

NÃO ESCUTAMOS APENAS COM OS OUVIDOS.

OS LUTOS E OS RENASCIMENTOS NAS RELAÇÕES.

Associamos o luto apenas à morte física, mas, na comunicação não violenta, o sentido do processo de luto é ampliado. Precisamos viver o luto pelas mortes simbólicas que nos atravessam diariamente, pelos mais diversos motivos. Reconhecer e nomear o luto nos permite experimentar compaixão por nossa dor, nomeando e acolhendo os sentimentos que surgem em virtude de nossas necessidades não atendidas, bem como nos ajuda a abrir espaço para a construção de novas maneiras de ver e viver a vida.

Certa vez meu filho adotou uma postura que julguei incorreta e o chamei para uma conversa. Eu tinha certeza absoluta de que estava sendo empática com suas questões, quando ele me interrompeu: "Mãe, você não está me escutando de verdade. Você diz que quer me ouvir, mas na realidade só quer me mostrar como você acha que eu deveria agir. Isso não é escuta!"

Pode não parecer, mas, para acolher a fala dele e me dispor a conversar com honestidade, precisei vivenciar um luto importante para mim: o luto pela imagem de mãe acolhedora e empática que construo diariamente. Ao me dizer que eu não estava escutando, ele escancarava as minhas incongruências. Sou falha, contraditória e, por vezes, incoerente. Entre o que desejo ser e o que sou há um espaço maior do que eu gostaria que existisse. Assumir a morte da mãe ideal tem me feito reconhecer a mãe possível, em cada dia e situação que se apresenta.

Para além dos lutos que vivenciamos sobre quem somos, há o luto que precisamos experienciar sobre quem o outro é. Talvez sua chefe jamais te elogie em frente a todo o grupo, talvez sua mãe jamais concorde com sua decisão de se separar, pode ser que sua esposa não consiga ofertar a escuta nos moldes que você deseja. Insistir em encaixar o outro em nossa idealização é violento com todos os envolvidos. Assumir que algumas expectativas provavelmente não serão realizadas abre espaço para que consigamos pensar estratégias para lidar com a realidade como ela se impõe. Como você decidirá agir diante da limitação do outro? O que acontece quando você finalmente entende que o respeito que deseja, da maneira que deseja, não virá? Que atitudes poderá adotar?

A solução de nossos conflitos diários não está apenas na escolha das nossas palavras. Está, sobretudo, nas nossas atitudes. Decidir como agir diante da realidade que se mostra oposta à expectativa que você construiu é um desafio que pede coragem. Não podemos transformar as atitudes de ninguém. Nossas conversas não podem existir para controlar ou convencer o outro. O espaço sobre o qual temos poder de decisão é restrito, limitado, mas muito, muito potente. Temos escolha sobre o que fazemos com o que nos acontece. Temos escolha sobre como vamos lidar com as intempéries da vida. Temos escolha de olhar o desencontro de frente, com a coragem de quem sabe que sairá dele maior.

Conversas importantes são assustadoras. Nos amedrontam. Nos convocam a encarar nossa vulnerabilidade. Nos pedem que estejamos dispostos(as) a habitar o desconhecido.

Não é fácil. Mas fugir delas também não é.

Que não nos falte a coragem de cuidar de cada um dos nossos sonhos.

Que não nos faltem conexões verdadeiras.

Que sempre nos lembremos de refletir, a cada escolha, a cada gesto, a cada conversa: estou, agora, neste momento, construindo uma vida mais maravilhosa?

Eu acredito no diálogo e torço para que você acredite também.

AGRADECIMENTOS

Um livro de bolso sobre CNV não estava nos meus planos. Lancei o *Conversas corajosas* em 2021 e achei que a minha contribuição literária sobre o tema havia se encerrado. Eis que a Livia Vianna, minha editora e amiga, planta a ideia e a faz florescer: "O que você acha de um livro de bolso sobre comunicação não violenta? Acessível, direto, fácil de ler?" E aqui estamos, com o *Vamos conversar*! Começo, então, agradecendo a essa mulher maravilhosa com quem tenho o prazer de trabalhar, trocar, gargalhar e aprender! Livia, minha carreira não seria a mesma sem você.

Agradeço a meus filhos, Miguel e Helena, pelo seu intenso amor. Digo e repito todas as noites: muito obrigada por estarem ao meu lado, eu amo, amo, amo, amo, amo e amo ser a mãe de vocês. (Helena acha importante que sejam seis "amos".)

A meus pais, pelo cuidado, pelo colo, pelo exemplo, pelo amor, pelo apoio. Agradeço e honro tudo o que fizeram e fazem por mim.

A Isaac, meu marido, meu amigo, meu companheiro. Obrigada por me ouvir, por me lembrar de que sou capaz, por me abraçar nos dias difíceis, por sair com as crianças todas as vezes em que precisei estar sozinha para escrever. Que família linda que a gente é.

A minha irmã, Déborah, por estar ao meu lado, sempre, mesmo a distância. Que sorte a minha ter a irmã e a melhor amiga na mesma pessoa. Cabeça, você faz a minha vida melhor.

A Katia, minha amiga e funcionária, pelo cuidado, pelas conversas, pelo amor e pelo apoio constantes. Sua presença me tranquiliza e me faz melhor. Obrigada, obrigada!

A meus amigos e amigas amados, que me apoiam, que me amam, que me ampararam, que aguentam os meus surtos enquanto escrevo um livro, que são a rede que me dá suporte e força. Eu sou muito sortuda!

A Mônica e Carol, minhas empresárias e amigas, pela paciência e cuidado com a minha agenda, por me ajudarem a dar conta de tantos compromissos enquanto escrevo. Amo tê-las em minha vida.